나녹
那碌

바 느 질 명 상
재미있기 때문에

김봉화 지음

꼬마 버선   키트 포함

엄마!

"팔십에 능 참봉한다."는 옛말이 있다고 어머니가 하신 말씀이 기억납니다. 뒤늦게 겨우 그것이냐는 놀림이기도 하고, 늦게라도 이룬 꿈에 대한 격려라고도 하셨지요. 팔십 살을 코앞에 두고 이제사 돋보기 너머의 자판을 두드리며 감히 참봉을 부러워합니다.

"잠이 안 오는 밤에 돋보기 쓰고 바느질하며 한 땀 한 땀 기워 나간 흔적들이 글 줄로 남은 게 아니었을까." 하신 『토지』 작가이신 박경리 선생님의 시 「바느질」을 앞에 두고, 그 어른의 바늘땀 같은 글이 새롭게 감동으로 다가와, 책장에 얹힌 두꺼운 먼지를 털어내었습니다.

저는 가끔 잠 안 오는 밤에 토막글을 쓰다가 연필 툭 내려놓고 바늘을 집어 듭니다. 글쓰기보다 쉬운 바느질을 해야지. 학창 시절 선생님께서 보여 주신 문학세계는 늘 다가갈 수 없는 먼 곳이었습니다. 어떤 때 조각 천 찾아 뒤적이다 부질없이 쓰다 만 조각 글이 쓸모없는 헝겊처럼 뒷켠에 보일 때면, 지난 시절 한번 끄집어내어보고 아쉬움만 묻혀 덮어두었습니다.

그러던 어느 날, "바늘땀으로 이은 글을 엮어 보자."는 출판인의 제의에 가슴이 뛰었습니다. 40년 동안 한길을 걸으며 "나뭇값에 밑지지 않는 책을 만들려 한다."는 그분의 이야기에 부끄러웠습니다. 과연 나뭇값이나 할까요? 쓰임 다한 헝겊의 조각같은 글을 이쁘게 바느질하듯 묶어 주신 출판사 '나녹'의 형난옥 대표께 감사드립니다.

늘 제 짐을 나누어지려는 '학도넷' 김경숙 대표에게 잠깐의 홀가분함이라도 줄 수 있을지…….

바느질 한 폭 끝내야 한다더니, 이제는 글 다듬어야 한다며 의자에 껌딱지처럼 붙어 앉아 집안일은 뒷전인 주부主婦 탓하지 않고, 팔십 살 되기도 전에 참봉이 어디냐며 열심히 도와준 나의 주부主夫에게 참봉 벼슬 넘겨줘야겠습니다.

2024년 새봄에
무향거에서 봉화올림

책을 보시기 전에

각 작품 하단에는 작품 크기(가로x세로)와 소재가 적혀있습니다.
책에 수록된 모든 이미지는 김봉화 작가의 손바느질 작품입니다.

재미있기 때문에

초판 1쇄 인쇄 | 2024년 6월 5일
초판 1쇄 발행 | 2024년 6월 8일
펴낸 곳 | 나녹那碌
편집 | 김보미
디자인 | 김보미
등록일 | 제 2021-000016 2021.03.16
주소 | 충청남도 천안시 동남구 청수11로 24, 505호(청당동)
전화 | 041-551-0517
팩스 | 0504-370-6544
ISBN | 979-11-973349-6-2 03810

All rights reserved. All the contents in this book are protected by copyright law. Unlawful use and copy of these are strictly prohibited. Any of question regarding above matter, need to contact 나녹那碌.

이 책에 수록된 콘텐츠는 저작권법에 의해 보호받는 저작물이므로 무단전재와 무단복제를 금합니다. 나녹那碌(nanokbookcafe@naver.com)으로 문의주시기 바랍니다.

차례

엄마에게 드리는 편지

세상 책, 커다란 사람책

엄마에게 배웠고   15

16 이것도 엄마에게 배웠지 | 18 침선과 침선 | 20 자, 시작이다 | 23 꽁꽁 매듭 잘 짓고 | 25 그 복으로 지금까지 | 28 이 아름다운 전통 | 31 엄마의 반짇고리 | 34 나의 평생 장난감 | 37 미역국 한 그릇 | 40 그리운 색동한복

배운대로 따라하고   47

48 대물림 | 51 불을 끌 수 있습니다 | 54 바다를 그리다 | 57 책보에서 백팩까지 | 60 조각보, 그림 되다 | 63 차향 | 66 언제면 어디든지 | 67 천天, 지地, 인人 | 70 마음대로 갈 수도 올 수도 | 72 달에게 비는 소망 | 75 보물과 매화 | 78 서로 손 잡아주기 | 80 오래오래 행복하세요 | 82 쪽빛 바다이든 하늘이든 | 85 Say, 'Sorry' 미안하다 말해요. | 88 지난해와 다가올 해 | 90 다시 봄 | 92 이루지 못한 사랑 | 95 푸르름이 그리워 | 98 또 참아야 하는 운명 | 100 램프, 그 따뜻함 | 103 '등롱' 만들다 | 105 아직도 독립운동 중 | 108 고향이 어디인가 | 110 물고기처럼 깨어 있어야 할까 | 112 누구의 덕분이든 | 115 상의 무게 | 117 보일 때와 보이지 않을 때 | 119 시집가는 날 HoneyMoon | 122 전통, 그 너머 Tradition and Beyond | 125 베끼다, 따라하다, 응용 재해석하다 | 128 내 꿈을 실어 | 130 스승의 날 | 132 그 열정의 끝, 청자 항아리 | 134 봄날 유감 | 137 이 행운 나 혼자 차지하려 | 140 어느 여름날

50x61㎝. 면, 실크 손바느질

세상 책, 커다란 사람책

김봉화 선생님은 세상 책이다. 커다란 사람 책이다. 인간은 두 발로 서기 시작한 이래 정말 많은 도구를 만들어 썼다. 우리 몸의 기능들을 쭉쭉 확장시킨 도구들. 아르헨티나의 작가이자 도서관인인 호르헤 루이스 보르헤스Jorge Luis Borges는 인간이 만든 가장 위대한 도구가 바로 "책"이라고 말한다. 우리의 '기억'을 끝없이 확장시켜주는 위대한 도구가 책이다. 아프리카 격언 중에 "지혜로운 노인 한 사람이 떠나는 것은 도서관 하나가 사라지는 것과 같다." 하지 않았던가. 김봉화 선생님에게도 수만 권의 책이 있다. 수만 년의 기억을 품고 있는 사람 책, 김봉화 선생님이 온몸으로 기억하는 모든 것이 참으로 귀하고 귀하다.

신중하고 사려 깊은 몸짓, 바느질

김봉화 선생님을 함께 활동하던 한 인형 작가와의 인연으로 처음 뵈었다. 선생님께서는 오랜 외국 생활을 접고 한국에 정착하실지를 살펴보시는 중이셨다. 다시 남의 땅으로 돌아가시게 해서는 안 될 것 같았다. 한국에서도 신명나는 활동을 하실 수 있을텐데. 세상의 모든 것은 인간의 기억 더미인 책과 도서관으로 통한다고 믿었던 나는, 선생님을 책이 가득한 도서관으로 모셔서 공공도서관 자원활동가들과 함께하는 바느질 강의를 부탁드렸다. 책으로 행복해하던 이들이 한 땀 한 땀 손바느질하며 바느질이 책 읽기의 몰입과 다르지 않음을 깨달았다. 아마도 이때 선생님과의 만남은 강력한 시절 인연이 아니었을까 싶다. 선생님은 따뜻하시지만 바느질 수업에서는 무척 엄격하시다. 허투루 번잡하고 산만해지는 마음을 다잡아주신다. 바느질은 몰입으로 번잡한 생각을 비워내고 내 안의 불을 끄는 작업이라 하셨다. 그래서 오롯이 몰입을 경험하게 된다. 침선針線과 침선針禪으로의 몰입 경험이 우리 일상의 삶에서도 진중하고 사려 깊은 몸짓으로 배어난다. 바느질은 사람됨을 배우게 한다.

한번은 선생님이 학교도서관문화운동네트워크(이하 학도넷) 사무실을 들르셨다. 차를 우려내 나누는 수구 주둥이가 깨져있었는데 예쁜 수구라

버릴 수도 없어 선반에 올려두고 그저 보고만 있었다. 선생님은 안쓰런 표정으로 수구를 어루만지시더니 다음번 방문에서 앉으신 자리에서 바느질한 조각천으로 정말 앙증맞게 착 덮어 가려주셨다. 어찌나 이쁘던지…. 버려질 뻔한 예쁜 수구가 다시 환하게 살아났다. 선생님의 에코백 속에는 장난감 같은 반짇고리가 들어있어 시간만 허락하면 이런 작업이 가능했다. 이것이 생활 속의 예술이구나. 선생님이 세상 사물을 바라보시는 예술 감각과 정성에 감동 또 감동했다.

내가 활동하는 학도넷은 해마다 12월 즈음 후원의 밤을 연다. 공연도 하고 맛난 음식도 나누면서 많은 이들이 모여 서로의 안부를 묻는 떠들썩한 자리다. 한 해에는 후원의 밤 주제를 바느질로 정했다. 사람들이 들뜨는 자리라 이게 가능할까 걱정하면서 선생님의 버선 코사지를 만들려고 준비했다. 맛깔나는 유기농 뷔페가 차려지고 버선 만들기 재료를 미리 준비하고 행사가 시작되었다. 어른, 아이 할 것 없이 모두 코를 박고 바느질을 한다. 맛난 저녁도 뒷전이다. 몰입이 대단했다. 바느질의 강력한 힘에 우리의 걱정은 확 날아갔다. 돌아가는 사람들 가슴 가슴에 온갖 기원이 담긴 버선이 달렸다. 그 어느 후원의 밤보다 사람들이 행복해했다. 선생님은 번잡하지만 고요한 자리를 누비며 사람들의 바느질을 살펴주셨다. 정말 큰 복을 누린 날이었다. 선생님은 학교도서관운동을 하는 우리 단체의 든든한 지원군이시다.

마음을 나누는 바느질

아이는 부모의 뒷모습을 보며 자란다 했다. 김봉화 선생님은 대를 이어 온 한의사 집안의 1남 5년 중 막내로 부산에서 자랐다. 부모님이 함께 환자를 돌보는 자연스런 활동으로 항일 독립운동 동지들을 만나시고, 침구가 든 왕진 가방 덕분에 독립자금을 모으고 전달하는 일을 할 수 있었는데 끝내 아버지는 옥살이와 그 후유증에 시달리셨다 한다. 당시는 지역사회에 대한 관심과 나라를 사랑하는 마음이 십시일반 모여 독립운동을 지원한 큰 힘이 되지 않았을까. 모두가 독립운동가이셨다.

해방을 맞고 연이은 전쟁으로 부산까지 내려온 피난민들에게 옷이며 먹거리를 나누던 어머니의 베풂, 이웃 여인들과 함께 바느질한 헌 옷, 양말 등을 피난민들에게 나누시던 어머니 이야기는 언제 들어도 감격이었고 전쟁은 절대 일어나서는 안 된다고 자주 말씀하셨단다. 어려운 형편에도 집에 찾아드는 사람들을 환대하셨던 부모님. 김봉화 선생님은 그 따뜻한 너른 품을 물려받으셨다. 지금도 선생님은 마음 아픈 이들을 그냥 보아넘기지 못하고 몸이 휘어지는 노고를 마다하지 않으시는 것도 그 때문일 것이다. 무엇보다 귀한 유산이다.

선생님의 어린 시절, 청년이었던 외아들을 떠나보낸 부모님의 감당하기 어려운 큰 슬픔을 보며 어찌할 바를 몰랐다. 어린 봉화는 어머니가 바느질에 몰두하실 때에 잠시 눈물을 멈추는 모습을 보고 바느질에는 슬픔도 멈추게 하는 힘이 있는걸까? 나도 바느질하며 엄마처럼 눈물을 멈출 수 있다면 그 신비한 바느질을 배워야지. 그런 이유일까, 김봉화 선생님은 사회적 참사에 특별히 더 애틋하시다. 세월호 2주기 추모 준비에 바느질로 유가족들을 위로하려고 경기도 안산까지 먼 길을 오가시며 유가족들 손을 잡아주시던 모습. 우리 아이들이 예쁜 색깔의 '시들지 않고 늘 피어 있는 꽃'이 되어 오래 기억되기를 바라는 수많은 마음들이 바느질로 연대하여 304개의 만장 속 색색의 꽃으로 피워냈다. 그 깊은 슬픔을 온몸으로 오롯이 받아내며 당신 몸에 병이 생긴 것도 몰랐다.

모든 것이 흔해진 요즘도 천 한 조각 실 한 뼘도 아껴 귀히 쓰던 그때를 실천하고 가르치시는 선생님. 그 정신을 새겨서 요즈음 우리가 반드시 회복해야 할 마음이다. 우리 별 지구를 지켜내야 할 이 시대의 화두와도 맞닿아 있다.

정성의 예술, 바느질

"비싼 옷감으로 만든 옷이나 물건들은 발달된 산물의 몫이니 내가 할 일은 아니다." 어려웠던 시절, 부족한 것에서 생활의 지혜가 나왔다. 짜투리 천을 활용한 바느질이 그림이 되고 예술이 되었다. 선생님의 바느질은 긴 이야기를 품고 있다. 평생을 살아온 기억들을 오롯이 품은 선생님의 정성스러운 삶이 묻어나는 철학이 있다.

엄마의 슬픔이 녹아든 바느질을 길게 하지 못하게 어머니는 말리셨지만, 외국의 여러 소수민족 이민자들의 지혜로운 전통 바느질을 보며 우리 전통도 제대로 보여줘야겠다는 마음으로 바느질을 새롭게 시작하셨다. 인연을 중히 여기시는 선생님은 어떤 피부색이든 외모이든 많은 이들을 만나며 우리 것을 알리고, 그들의 문화도 이해하기 위해 적극 애쓰셨다 한다.

"흔히 말하는 전통도 시대가 바뀌면 그때그때의 시대상을 담아야 한다고 생각하지만 이 다음 세대는 어떻게 전통을 이어가며 자기들의 이야기를 표현할지, 잘 전해주고 잘 가르쳐야 한다는 스스로의 책임감에 짓눌릴 때도 있다." 하시니 큰 숙제다. 나는 신비롭기까지 한 전통 바느질이 몇몇 관심과 인연이 되는 사람들만 누리는 것이 안타깝다. 우리나라 초중고학교 교육과정에 손바느질이 잘 자리하면 얼마나 좋을까? 점수를 내거나 평가하지 않는 경쟁이 없는 과목으로 말이다. 온 나라 우리 아이들 모두 함께 누리면 경쟁으로 날선 마음을 누그러뜨리고 사람됨을 배우게 될텐데. 그곳이 학교였으면 참 좋겠다.

선생님은 무슨 일이든 자기 일에 진심인 사람을 무한 신뢰하신다. 작은 것을 귀하게 여기는 사람, 선생님의 전통 바느질 정신을 진심으로 알아 보아주는 사람, 인간의 언어, 문학, 예술, 철학, 역사와 같은 인문학적 소양을 제대로 품고 좋은 삶을 사는 사람들 말이다. 이런 삶의 태도가 아름다운 사람들이 선생님 곁에 많은 걸 보면 선생님은 그런 사람들을 좋아하시는 것이 확실하다.

선생님의 전시회에 가면 광목이나 무명으로 만든 일복에 정갈하게 앞치마를 두르고 바느질하는 선생님을 만날 수 있다. 그 모습은 소박하고 단아한 선생님의 삶의 태도이기도 하다. 30년이 지난 옷도 깔끔하게 손질해서 편하게 입는 것이 제일 좋다 하신다. 넉넉한 크기의 보자기가 다양하게 쓰이듯 넉넉한 크기의 옷이 좋다 하신다. 소위 값비싼 명품 옷이 사람을 돋보이게 할 지 몰라도 자칫 옷에 자신을 매몰시킬 수도 있지 않은가.

어른도 아이도 인간 본연의 도리를 다하면서 자신의 소신과 신념도 지키며 사는 것, 정말 하고 싶은 일을 하며 따뜻한 세상, 전쟁 없는 세상에서 평생을 즐겁게 살 수 있으면 좋겠다는 우리의 꿈이 이루어지길 꿈꾼다.

선생님은 지금 구름산 아래 시골 마을에 사신다. 고국에 돌아와 정착할 곳을 찾으시던 선생님을, 서해안의 작은 시골 마을 촌장께서(우리 땅을 살리는 농사로 자립하는 공동체- 설립자, 철학하는 농부 윤구병 교수) 초대하셨다. 산, 들, 바다가 어우러져 아름다운 작은 시골집(선생님이 늘 오두막이라 표현하시는)에서 천에 자연색을 입히기도 하시고, 그곳의 풍경을 바느질로 담아내시며 찾아오는 이들을 만나신다. 코로나 직전까지 함께 사는 마을 이웃들과 대안학교에서 바느질과 직조를 가르치시며 목화밭을 일굴 꿈도 꾸셨다. 지금도 우리 땅을 살리려는 이웃들과 아름다운 전통을 이어나갈 젊은이들을 기다리신단다.

편리한 생산시스템에 밀려 거리를 두게 된 오래된 우리의 기억 전통, 생활과 밀접해야 예술이다. 자기 머릿속의 예술적 감각을 끌어내서 생활에 필요한 것을 고이 지어서 쓰기도 하고, 그림이 되어 바라다볼 수만 있어도 너무 좋다. 마음을 담은 정성 예술인 바느질은 내 마음 상태를 그대로 보여주고 치유도 해준다. 바느질하는 모습을 보는 것만으로도 힐링이 된다. 참 신비한 힘이 있다. 경험해 보면 바로 알 수 있다.

선생님 책 『재미있기 때문에』가 마중물이 되어 어른도 아이도 그 기억을 꺼내 보도록 바느질 멍석을 온 나라 곳곳에 깔아보고 싶다. 숨가쁘게 분주하고 바쁜 요즘 사람들에게 번잡한 일 잠시 미뤄두고 고요히 앉아 바느질하는 복을 누리라 하고 싶다.

자연에 순응하고 세상의 이치를 온몸으로 실천하며 오랜 시간의 바느질로 정갈하고 섬세하게 살아온 선생님의 그 걸음걸음을 따라 걷는 사람들이 더 넘쳐나길 바래 본다.

선생님은 세상 책이다. 커다란 사람 책이다.

김경숙 | 학교도서관문화운동네트워크 상임대표

바느질 명상

재미있기 때문에

김봉화 지음

나녹
那碌

엄마에게 배웠고   1

이것도 엄마에게 배웠지

불편한 거리감에도 불구하고 가끔 내 작업실을 찾아오는 이들이 있다. 전시장이나 행사장에서 만나 짧은 대화를 나눴지만 꽤 강렬한 기억이 남아있는 여인, 주위 인연의 얘기를 듣고 찾아온 여인, 다른 장르의 작업을 하는 작가, 간간이 나간 방송이나 온라인상에 올라 온 것들을 보고 듣고 호기심에 찾아온 이 등등.

거의 모든 방문객의 작은 공통점을 꺼내 보면, 바느질에 관심이 있거나 어떤 형식이든 이미 바느질을 하고 있다는 점이었다. 간혹 이도 저도 아니면서 분위기 탓에 생긴 갑작스런 질문으로 내게 딱 붙어있는 이도 있긴 하다. 하지만 나로서는 모두 소중하고 반가운 분들이다.

대개 시간을 의논해서 방문하는데, 나는 내 반가운 마음을 표시하기 위해 작은 버선을 문 앞에 걸어 놓는다.

"환영, 버선발로 뛰어나와 맞이하는 반가운 마음"

알아차리고 감동하는 이도 있고, 전혀 무감각한 이도 있지만 굳이 알아달라 설명하지 않는다. 어떤 이는 부러워하며 가지고 싶고 만들어 보고 싶은 마음을 숨기지 않는다. 앞뒤 시간 분위기 등을 감안해서 간단한 설명을 해 주기도 하고, 마주앉아 바느질해서 완성의 기쁨까지 가져가는 이도 아주 가끔 있기도 하다. 내 바느질 수업에 오는 이들의 첫 과정이 기본 바느질로 만드는 솜을 가득 채운 작은 버선이다. 우리 서로의 인연에 대한 고마움은 물론이고, 발처럼 가장 낮은 것으로부터 시작해서 보잘것없는 것에 대한 관심을 예술로까지 끌어올리려는 나의 의도가 들어있다.

결혼한 후에도 엄마를 모시고 살아 엄마의 버선 사랑(?)을 잘 아는 나는, 버선에 얽힌 많은 옛이야기뿐 아니라 버선 만들며 왼쪽 오른쪽을 구별해야 하는 바느질은 물론 발바닥 뒤꿈치 해진 버선 수선하는 것까지 배워야만 했다. 멋진 양말이 온 시장 손수레에 실려 나올 때까지도 그랬었다. 엄마는 격식을 갖추어야 하는 행사에는 여름 겨울 할 것 없이 계절 한복에 무명천 버선(홑버선, 겹버선)을 신으셨다. 이런 훈련이 오늘의 나를 만들었다 여겨진다. 엄마 따라 바느질하고, 그 바느질로 작가라 불리면서 작품전을 할 때 나도 한복에 버선을 신었다. 하지만 내가 입는 한복은 행사복이 아닌, 옛 여인들이 집에서 입었던 광목 치마저고리에 행주치마를 두르는 일복 수준이다. 의아해하는 분들이 있지만 개의치 않는다. 작가의 화려한 장신구와 옷차림이 작품을 가린다는 생각 때문이다. 특히 내 졸작의 대부분이 보잘것없던 조각천에서 탄생하지 않았는가!

엄마에게 배워 내가 응용한 작은 버선과 골무는 나의 특허 장난감이었는데 지금은 다른 여인들에게 더 인기가 많다. 앙증맞은 그 모습과 나의 story telling에 힘입어.

면에 손바느질

침선과 침선

내가 초등학교에 들어가기도 전의 한겨울, 집안에 큰 슬픔이 폭풍처럼 지나가고 아직도 가족들의 가슴속 멍이 시퍼렇던 초저녁 내내 엄마는 방 안 가득 펼쳐진 이불 홑청을 꿰매고 계셨다. 조금 전까지도 슬픔을 견디지 못해 가슴을 치며 눈물을 흘리시던 엄마, 나도 방 한쪽 구석에서 가만히 쳐다보며 눈물만 뚝뚝 흘리고 있었는데, 바느질을 시작하신 엄마는 무슨 의식을 치르듯 경건하고 평안한 모습으로 한 땀 한 땀 바느질에 집중하고 계셨다.

뚝 사각 뚝 사각. 풀 먹인 이불 홑청에 바늘과 실이 통과하는 소리 외엔 적막만 가라앉은 방. 그전에도 바느질은 늘 엄마의 일과라서 특별히 생각한 적 없었는데 그날은 달랐다.

늦둥이로 태어난 나는 늘 엄마 곁에 바짝 붙어 따라다니며 무엇이든 궁금하면 물어보고 따라 해보고 잘 안되면 심통을 부리며 엄마를 힘들게 한 아이였다. 바로 그 밤도 그랬다. 엊그제 한 이불 빨래를 또 해서 바느질을 왜 하실까? 바느질이 어떻게 엄마의 눈물을 그치게 하는 거지? 바늘에 찔릴까 조심조심하고 있어 그리 보이는 건가? 참다못해 물었다.

"엄마, 바느질하는 게 좋아? 그래서 눈물 그친 거야?"

그때서야 얼굴 들어 나를 쳐다보시며 답하신다.

"바느질하는 게 뭐가 좋아, 힘든 일인데. 그렇지만 바느질하는 동안은 한 땀 한 땀 바느질 간격에 집중하게 되니 다른 생각이 안 나고 들끓던 속이 많이 가라앉아. 바느질 자체가 명상이거든. 내가 어릴 적에 할머니가 바느질을 가르쳐 주시며, '급하게 얼른 끝내려 말고 차분히

하거라. 바느질로 침선針禪한다 여기고. 그래야 땀이 곱다.' 하셨어. 원래 침선針線이란 바늘이 지나간 자국, 바느질땀을 말하는 것인데 시작부터 마무리하기까지 반복되는 지루함과 노고를 명상이라 여기며 하라 일러 주신 거겠지. 당시 여인네에게 바느질은 안 하고 살 수 없는 매우 중요한 일이었거든. 지금까지도 그 말씀이 큰 위로가 돼."

"아~!"

"이 생각 저 생각에 빠져 있느니 바느질이라도 해서 벗어나려고 괜히 빨래하고 힘들게 꿰매며 이러고 있는 거다. 남아있는 너희들 때문에." 하셨다.

"엄마, 나도 엄마 따라 바느질하게 가르쳐 줘."

나도 바느질하며 엄마처럼 눈물을 멈출 수 있다면 좋겠다는 생각만으로 평소처럼 칭얼거렸다.

엄마는 하던 바느질 내려놓으시고 잠시 나를 쳐다보시더니, 반짇고리에서 두어 조각의 천과 아주 짧고 가는 바늘 한 개와 두 뼘 정도 길이의 실을 주시며 "귀한 명주실이다. 일단 바늘귀에 실을 꿰어라." 하시고는 바느질을 계속하셨다.

엄마 따라 눈물 흘리지 않고 슬픔을 이겨 내려 시작한 내 바느질의 여정은 이렇게 시작되었다. 아무리 긴 시간이 흘러도 침선針線은 고르지 않았고, 침선針禪은 다가갈 수 없는 아득한 곳의 이상일 뿐이었다.

자, 시작이다

세상에~! 이렇게 작은 바늘구멍에 힘이라고는 하나도 없는 실을 어떻게 통과시키지? 엄마는 바늘 잡은 손이 누누해지고 콧등에 땀이 삐질삐질, 눈동자가 한곳으로 모이려는 즈음에 말씀하신다.

"실 끝을 가위로 싹뚝 자른 다음 곧바로 바늘귀에 실을 넣거나 그래도 안 되거든 실 끝에 침을 살짝 묻혀 손끝으로 쓰다듬은 다음에 해 보거라."

두 번 세 번의 가위질에 실은 점점 짧아지고, 급기야 침으로. 성공이다! 침의 유용함을 확인한 첫 번째 순간이지 싶다. 요즈음에는 바늘에 실을 꿰는 작은 도구도 나와서 이전 같은 어려움이 없지만, 나는 지금까지도 어떤 도움 없이 내 눈으로 바늘에 실 꿰기를 고집한다. 그 작은 성취감 때문에.

바늘귀 이야기를 하다 오래전에 있었던 재미있는 일이 떠올랐다.

캘리포니아에서 살며 조각보 작가로 알려지기 시작했을 때다.

배우고 싶다는 여인들이 내 작업실을 찾아오고, 피오피코 LA 시립도서관에서 준비한 공개강좌에도 예상보다 훨씬 많은 수강 신청이 있어 바늘이 많이 필요했다. 수공예 재료만 취급하는 큰 상점에 가서 바늘을 찾으니 이불 홑청 꿰매는 정도의 굵은 바늘만 잔뜩 있었다. 나는 그때까지도 서울에서 사다 썼는데 이곳에도 퀼트 작업하는 이들이 많으니 전문상점에만 가면 해결되려니 했었다. 바늘 진열대를 이리저리 들여다보다가 조금 굵지만 쓸만하다 싶은 바늘을 찾았는데 바늘귀가 너무 큰 것이 문제였다. 곱게 나이들어 보이는 금발의 매니저가 다가왔다. 아무리 설명을 해도 못 알아듣네. '바늘귀가 좀 작은 바늘.' 여러

40x35㎝, 명주 손바느질, 겹보

언어가 고생을 해도 안 된다. 나는 그녀를 바늘 진열대가 있는 곳으로 데리고 갔다. 잠깐 눈을 깜빡깜빡하던 그녀.

"Oh~! You mean needle's eye?" 아, 바늘눈 말이야?

뭐라? 우리는 바늘귀라 하는데 당신들은 바늘눈이라고? 내가 눈에다 실을 갖다 대고 귀에다 실을 집어넣는 동작을 해 보이자 그녀는 크게 웃으며,

"You are so smart." 당신네는 정말 지혜롭네요.

"Absolutely!" 그렇고 말고요.

대답하고 돌아서 나온다.

아무리 생각해도 이상하다. 바늘눈에다 실을 넣는다? 바늘귀에다 실을 넣지.

그럼, 우리가 지혜롭고 멋지지.

그들은 바꾸지 않을 테니 어찌하랴, 그냥 두어야지.

꽁꽁 매듭 잘 짓고

엄마는 내가 바늘에 꿰어놓은 실로 매듭짓기를 가르쳐 주셨다.

"어떤 일이든 시작과 마침이 중요하지만 손바느질에서는 더더욱 그렇다. 매듭 잘 만들어 바느질 시작하고 마지막 바느질에서 꼼꼼히 마무리하지 않으면 애써 한 작업이 허사가 된다. 두 조각의 천을 나란히 잡고 앞에서 바늘을 뒤로 밀어 넣었다가 다시 뒤에서 쪼끔 앞으로 빼어내면 천의 앞뒷면에 점선 모양이 나타난다. 이걸 홈질이라 하고 모든 바느질의 기초이지. 또 이렇게 바늘이 지나가며 남긴 실의 흔적을 바느질땀 혹은 바늘땀이라 하는데, 천의 두께에 따라 실과 바늘의 굵기가 다르고 바늘땀의 간격도 달라지지만 이 비단 바느질은 요즈음 산수로 치면 1센티미터에 점선 네 개가 보여야 한다. 시작부터 어렵지만 그 기본은 알고 해야 한다. 이것 봐라. 여기서 여기까지에 점 몇 개가 보이고 얼마나 가지런한지(針線). 이 점선이 그때의 마음 상태도 보이는거라 집중할 수밖에 없어(針禪)."

엄마가 명주에 해 놓으신 바느질 땀을 보여주시며 다시 침선針線, 針禪을 설명하셨다.

후~, 어찌 이리~? 평소에 엄마 손바느질로 만든 옷을 입으며 좋아했었는데 모양과 색깔만 본 거였구나. 그 순간 내 눈앞에 나타난 엄마의 바느질땀은 천상의 것이었다.

바느질에 집중하면 바늘땀이 곱고 고르게 할 수 있다고 하셨지만, 그 간격에 곱기까지 한 바느질은 내 검은 머리카락 사이에서 희끄무레한 빛이 언뜻 보이기 시작할 때가 되어서였다. 어느 날, 내 손으로 무언가를 만들겠다고 몇 개의 천 조각을 잇고 있는 나를 가까이서 지켜보시던 엄마의 미소와 칭찬과 또 다른 가르침을 지금까지 잊지 못한다.

"잘하네. 그런데 엄마가 할머니로부터 처음 바느질을 배울 때는 말이야, 내가 두 조각의 천을 이어 놓으면 할머니께서 '잘하네.' 하시고는 이미 바느질해 놓은 실을 다시 조심해서 빼내라 하셨어. 그렇게 조심조심 빼낸 실로 또 다른 바느질 법을 배웠으니 한 토막의 실과 천을 어떻게 여기셨는지 짐작하겠지?"

버려지는 천 조각이 지천인 지금도 내 손에 들어온 천 조각이나 실 한 토막은 함부로 버리지 않는다. 바늘에 실을 꿰고 천 조각을 잡으면 엄마에게 칭찬받고 무언가 근사한 일을 하는듯한 내 어린 시절의 뿌듯함이 지금까지 나를 이끌어 오고 있다. 거의 매일 작업대에 앉을 때면 늘 한 치 키의 실 같은 바늘을 무거운 듯 집어 들고 내 마음의 기도를 시작한다.

몇 조각의 천을 이은 후에는 바느질한 부분을 가만히 들여다보며 바늘땀이 내 마음에 드는지 살피고 엄마가 이것을 보시면 뭐라 하실지도 곰곰 생각한다. 이어서 엄마와 할머니뿐 아니라 그 어려운 시절을 참고 살아내며 가르침을 주신 여인들에게 존경과 감사의 인사를 드린다.

하지만 어떤 날은 꽤(?) 긴 세월을 살아오며 남긴 바느질땀 같은 내 발자국을 기억해 내고는 부끄러움에 잠 못 이루기도 한다. 바느질처럼 따내고 다시 할 수도 없는, '침선針禪'에 들지 못한 채 바느'질'로만 보이는, 곱지 않은 '침선針線'같은 내 삶의 흔적 때문이다.

이럴 때는 더 엄마가 그립다. '잘했네.' 하시던 칭찬을 듣고 싶어서.

그 복으로 지금까지

엄마는 틈만 나면 천 조각들을 꺼내어 방바닥에 펼쳐 놓으시고 이쪽으로 놓아보고 저쪽으로 맞추어 보시다가 어느 순간 바느질을 시작하신다.

"엄마, 왜 보자기는 큰 천으로 만들지 않고 이리 힘들게 조각천을 이어서 만들어요?"

"복 많이 받으려고 그러지."

"예? 조각 이으면 복 받아? 진짜? 그래서 엄마가 바느질 많이 해요?"

"옛날엔 천이 귀했으니 큰 천이 꼭 필요한 것 외에는 무언가를 만들고 남은 조각천도 아껴가며 써야 했거든. 자연히 조각을 이을 수밖에. 골똘히 생각지 않고 무심히 이어 붙여도 끝내고 보면 너무 이뻐. 그런데 그 수고가 보통이 아니잖아. 그래서 어른들이 '바느질 많이 하면 복 받는다.' 하신 말씀이 그나마 그 수고로움의 위로가 되었지. 옷 복服, 보자기의 복袱, 복 받을 복福이 발음이 같아서 그랬을까 하는 말도 있었지만, 누군가를 위해 깊이 생각하며 바느질하면 그게 기도인 거지. 시집가는 딸을 위해 이불과 옷을 짓고 중요한 것을 싸 보낼 보자기를 만드는 엄마가 바늘땀에 담는 염원은 딸의 행복이겠지? 그 '복 짓기' 이야기는 다음에 또 해 줄게. 너도 바느질하며 너의 기도를 담아 보거라."

그 이튿날인가에 엄마는 내 글쓰기 공책에 福, 袱 두 글자를 크게 써 주셨다. 옷 짓기는 쉽지 않다 하시며 먼저 두 복을 써 주셨다. 그때는 모든 복이 잘 이해되지 않았지만, 내가 무언가 큰일을 하고 있다는 느낌은 들었었다. 이후 내가 학교에 들어가고 공부하느라 책상에 앉아 있을 때 일과를 마친 엄마는 늘 방 한쪽에서 무언가 꿰매고 계셨다. 작아진 언니 옷을 내게 맞춰 고치거나 빨래한 내 교복의 단추나 치맛단

일 때도 있었고, 자식들이 신던 구멍 나고 목 늘어난 양말을 감쪽같이 수선해서 엄마가 신으시는 것을 본 적도 있다. 양말 속 뒷꿈치에 동그란 전구를 넣어 해진 부분을 수선하시던 내 엄마! 한가지 바느질을 마치시면 내 머리나 등을 말없이 쓸어 주시던 엄마의 응원을 나는 알았다.(여학교 가사 시간에 전구 끼워 양말 꿰매는 실습할 때, 엄마가 하시는 것 가까이서 봤다는 실력으로 선생님의 보조를 맡기도 했다.)

언젠가 빈티지 가게를 둘러보다가 가운데에 '福'자가 새겨진 오래된 문짝 하나를 만났다.

망설임 없이 사 와서 목조각 福 떼어 내고 더 큰 나의 '祑'을 만들어 끼워 넣었다.

직물공장 견본 첩에서 뜯고, 접착제 묻은 부분을 잘라내고, 일일이 인두로 다림질해서 감침 바느질로 완성한 '복'.

지금도 엄마가 지어 주셨던 '복'과 내가 부지런히 지어 가고 있는 '복' 사이에서 살아가고 있다.

문크기 64x114㎝, 문살에 40x40㎝. 비단조각 손바느질

이 아름다운 전통

엄마는 뭔가 마음 불편한 일이 있으신지 아까부터 잇다 둔 천들을 당겨 놓고 가만히 들여다보고 계셨다. 엄마가 바느질거리를 앞에 놓고 앉으면 나도 바느질해야 하는 시간이다.

"엄마, 우리 집에 이불보, 옷보, 밥 상보, 책보, 찻상 보, 옷덮개 보까지 보자기 무지 많은데 또 조각 이어 무얼 만들게요?"

"응, 네 언니들 시집 보낼 때 쓸 것 하나라도 더 준비해 두어야지. 둘은 이미 해서 보냈고, 남은 셋 중에 둘을 위한 바느질을 해야 하니 할 일이 많다. 옛날부터 딸이 태어나면 그 엄마는 그때부터 딸 혼수 준비를 시작했거든. 그 애기가 대여섯살이 되면 바느질을 가르치고 스스로도 준비하도록 했지. 이제 더는 밤새워 바느질하지 않아도 되는 세상이지만 이전에는 정말 힘들었다. 너는 네가 원해서 바느질 배웠으니 스스로 필요한 것을 만들어 보거라. 아직 시간 많이 있으니까. 최소 50장은 만들어야 한다. 마음이 침선針線임을 잊지 말고."

엄마는 웃으시며 얘기하셨지만 나는 걱정이 되어 며칠 밤 꿈에서도 바느질하고 있었다.

그 이후 나의 두 언니가 결혼할 때도 이미 손바느질한 보자기는 만들 필요가 없었고 나때는 더욱이 세상은 빠르게 달라져서 편해지긴 했지만, 이 아름다운 전통이 구시대 유물로만 남게 될까 오늘도 괜한 걱정을 한다.

옛날에는(우리 사회가 산업화되기 이전) 딸을 시집보낼 어머니는 손수 바느질해서 딸 사위 혼례복을 만들고 이불이랑 옷은 물론 시집가서 필요한 여러 의류용품을 만들 재료도 따로따로 보자기에 싸서 장에 넣어 보냈다 한다. 신랑 각시 혼례복을 짓고 남은 천으로 조각조각 곱게 바느질한 색시 옷보. 어느 옛 여인의 조각보가 너무나 아름다워 그 구성을 따라 내가 바느질해보았다. 요즈음 유행하는 retro이다. 얇은 실크 겹보인데 이 옷보는 나의 손바느질 교과서가 되었다. 지금도 내 작업실에 걸어 두고 자주자주 쳐다본다. 현대 미술에서 말하는 점, 선, 면, 색의 결정체이다. 특히 가운데서부터 점점 커져 가는 면 분할은 어쩌면 이렇게 균형 있게 아름다운지! 옷을 짓고 남은 조각으로 이 크기의 조각보를 만들고 네 귀퉁이는 끈을 달아 가장 효율적으로 사용하도록 한 지혜로운 여인, 우리 옛 선조들!

두 번 곱게 홈질해서 솔기를 감싼 방식(쌈솔, 께끼 바느질이라고들 한다.)으로 조각을 잇고, 쌈솔로 두꺼워진 부분을 겉면에서 점 같은 세땀 상침上針으로 눌러 주었다. 아름다움을 극대화했다. 이 수고로움은 해 보지 않고서는 말로 설명이 안 된다. 그것도 호롱불 아래에서.

오래전 할머님은 제삿날 밤에 밝혀 둔 촛불을 보시고, "저 촛불 밑에서 바느질 좀 했으면 원이 없겠다." 하셨다 한다. 그 까물까물한 호롱불 빛으로 식구들 옷 짓고 시집보낼 딸 혼수까지 준비하시느라 늘 밤늦도록 바느질하셨을 할머니 생각하면, 그 가르침 이어받은 나는 얼마나 호사스럽게 바느질하고 있는지. 이 편안한 환경이 죄송스럽기까지 하다.

112x116㎝. 얇은 실크, 손바느질, 겹보

엄마의 반짇고리

바느질하시는 엄마 곁에는 언제나 '반짇고리'라는, 뚜껑이 있는 납작한 상자가 있었다. 외가의 친척 아저씨가 노처녀 조카 결혼 선물로 만들어 주셔서 엄마가 시집오시면서 가져오신 거라 하셨다. 겹겹이 바른 한지 위에 전통 물감을 칠하고 모서리에는 모양을 낸 한지를 오려 붙여 멋을 내고 마지막으로 콩기름을 입혀 마무리하셨다는데, 재료가 종이라는 게 믿어지지 않게 단단하고 이뻤다. 세월이 많이 지나 색이 바래고 모서리가 좀 닳기는 했어도 내가 탐내는 엄마의 물건이었다. 내가 바느질을 배우고 엄마 곁에서 바느질을 하면서 제일 신나는 일이 내 바늘땀에 대한 엄마의 칭찬이기도 했지만, 사실은 보물상자 같은 엄마의 반짇고리 속에 내 물품을 함께 넣어 둘 수 있는 것이 더 큰 기쁨이었다.

"만든 지 오래되었는데도 모양도 그대로이고 색깔도 진짜 예뻐. 엄마가 아껴 써서 그런가 봐."

"그럼, 얼마나 애지중지했는데. 이다음에 엄마 눈 어두워 바느질 못하게 되거든 너 가져."

"정말요? 그때까지도 안 부서지고 이대로 있을라나? 반짇고리 내 것 되는 건 좋은데, 엄마 눈이 어두워지는 건 싫고."

갑자기 슬퍼졌다. 눈을 껌뻑거리고 있는 나를 모른 체하신 엄마는 말씀하셨다.

"걱정 말거라. 옛 어른들이 한지가 천년, 비단이 오백년紙千年絹五百年 간다고 하셨어."

절반은 내 것이 된 엄마의 반짇고리 뚜껑을 열 때마다 또 다른 재미는 그 속에 있는 것들을 하나하나 만져보고, 세어보고, 자리를 이리저리 바꾸어 놓으면서 노는 것이었다.

"엄마, 반짇고리뿐 아니라 이 속에 있는 것들도 너무 예뻐서 다 가지고 싶어."

"그건 모두 엄마 바느질 친구들이니까 바느질할 수 있는 날까지 아껴 가며 써야 해."

"엄마 바느질 친구?"

"네 아버지 곁에 문방사우文房四友 붓, 벼루, 먹, 종이 등 네 벗이 있듯이, 엄마에겐 규중칠우閨中七友 실, 바늘, 자, 가위, 골무, 인두, 다리미까지 일곱 벗이 있어."

다리미는 크니까 옆에 따로 두고 나머지는 다 반짇고리 속에 있는데 그게 다 엄마 바느질 벗이라 하셨다. 인두와 다리미만 빼고는 내가 바느질할 때 다 사용하는 것이다.

인두는 작고 귀여운 다리미 모양인데 숯불 담긴 화로에 얹어 쇠가 달구어져야 제구실을 하는거라 위험하다고 곁에 오지도 못하게 하셨고 바느질할 천의 올이 풀리지 않게 접어서(시접) 인두로 잘 눌러 다린 다음에 내게 건네주셨다. 숯불을 피워 담아야 하는 다리미도 불이 정말 무서웠지만 내가 꼬불꼬불 바느질한 천 조각을 매끈하게 만드는 마법의 물건이었다.

"그 일곱 친구 말고 다른 것도 많이 있는데?"

"실 감아 두는 실패, 바느질하다 잠시 꽂아두는 바늘방석, 다치지 않게 바늘을 보관하는 바늘집, 잘못한 바늘땀 쉽게 따내는 실 따개, 가위 끝을 넣어 두는 가위집, 구멍 뚫는 송곳, 누비 바느질할 때 천을 감는 누비 밀대, 다듬잇돌 위에서 천의 주름을 펴는 방망이, 불 피는 화로까지 이 모두 엄마 바느질 친구가 맞는데 옛날부터 칠우를 따로 일러 주셔서 그리 알고 있는 거야. '왜 그래요'라고 따져 묻지 않고 어른들이 그렇다고 하면 그냥 '예' 했지."

이후 나는 엉뚱하게도 다듬잇돌의 방망이 소리가 너무 좋았다. 지금도 현대음악 악기인 드럼이나 퍼커션 리듬 속에서 엄마의 다듬이 박자를 듣는다. 숙모와 마주앉아 하시던 때의 환상적인 그 리듬. 방망이 네 개가 작은 돌판 위에서 부딪히지도 않고 강약 조절까지 하며 한참 두들기고 나면, 매끈해진 무명 이불 홑청이 새 얼굴로 나타났다. 아득히 멀어진 풍경들.

나의 평생 장난감

문틀 70x39cm, 비단조각 손바느질, 골무

엄마 곁에서 바느질하다가 약간 지루해지면 나는 엄마의 반짇고리 속에서 예쁜 골무 세 개를 골라 공기받기 놀이를 했다. 밖에서 돌로 공기받기를 하면 손이 금방 지저분해져서 하지 않던 놀이였는데 골무를 공기로 삼아 방에서 하니 딱 좋았다. 아무리 시도해도 다섯 개의 골무가 손등에 올려지지 않아 포기하고 세 개만 가지고 놀았다. 나의 유일한 장난감이었던 엄마의 골무.

  골무 만드는 것 가르쳐 줄 테니 엄마 것은 그대로 잘 두라는 걱정을 드디어 들었다.

  햇빛 좋은 어느 오후, 점심 먹고 남은 밥으로 풀을 쑤고 내 두 손바닥보다 조금 큰 광목천 세 겹을 풀로 붙여 잘 편 다음 햇볕이 지나간 빨랫줄에 널어 두었다. 꾸덕꾸덕 마른 광목을 다듬잇돌에 올려놓고 방망이로 몇 번 두드리니 신기하게도 빳빳한 심이 만들어졌다. 엄마의 골무 본보다 조금 작게 나를 위한 새 본을 하나 만들어 주셨다. 그 위에 내가 이어 놓은 비단 조각을 골무 본 대로 잘 싸고 속지를 붙여 똑같은 두 개를 만들었다. 이 과정이 얼마나 어렵고 피곤하던지 저녁밥도 먹지 않고 잠든 기억이 난다. 다음 날은 또 사뜨기로 골무 마무리해야 한다고 하셨다. 사뜨기는 골무 앞 뒷장을 붙여주는 바느질 기법. 이 또한 얼마나 어려운지! 골무 만들면서 바느질 배운 것을 후회한 첫 순간이었다. 엄마는 내가 좀 힘들어한다 싶어도 절대 거들어주시지 않았다.

"지금 거들어주면 당장은 편하겠지만 나중은 어쩔 건데? 무슨 일이든 고비가 있어. 그것을 스스로 넘지 못하면 지속적으로 할 수 없지. 서두르지 말고 찬찬히 해. 다 할 수 있어."

엄마의 이런 교육이 오늘의 나를 만들었지만 어떤 때에는 엄마가 밉기도 했다. 하지만 이쯤에서 힘들어 그만두겠다는 말로 엄마께 실망을 드릴 수는 없었다. 어려웠던 만큼 완성 후의 기쁨은 컸고 얼마나 이쁜지, 겨우 골무 두 개 만들어 놓고 그 뿌듯함에 잠도 오지 않았다. 그 이후로는 골무로 공기받기하지 못하고 가만가만 손바닥 위에 올려놓고 쳐다보기만 했다.

엄마는 이렇게 만든 골무 100개를 목걸이처럼 엮어 반짇고리에 담아 시집왔다며 웃으셨다.

"100개? 그 골무 다 어딨어요?"

"색시 신방 구경 온 집안 여인네들에게 하나씩 선물로 드리는 것이 인사였고, 그 골무로 새댁의 손 맵시 심사를 하곤 했지. 그때부터 지금까지, 바느질하다 해져 뚫어지면 새것으로 바꿔 끼고 그러느라 이제 몇 개 안 남았어. 너도 옛날 같으면 그리해야 하는데 시절을 잘 타고나서 다행인 줄 알아라."

이때 엄마께 배운 골무 만들기는 지금까지 내 작업실을 거쳐 간 수

많은 여인들에게 전해졌고, 수업이 끝나도 골무 100개는 꼭 만들어 보도록 주문했지만 한참의 세월이 지나도록 숙제 끝냈다며 내게 알려 온 여인은 손에 꼽을 정도. 손가락 한 마디 크기의 골무가, 바느질하는 이의 정성과 인내를 요구하는 것이 우리네 삶과 다르지 않다 여기며 그저 소식을 기다릴 뿐.

나도 새로운 100개 골무에 도전해야겠다. 지금에야 이 골무 끼고 바느질도 하지 않고, 가까이에서 쳐다보기도 아까워했던 그 애기들을 여러 나라 수집가에게 시집보내고, 이제 이쁜 그 모습들을 기억하며 얼른 다시 탄생시켜야지.

미역국 한 그릇

계절은 어김없어 삼복, 입추가 지나고 나니 아침저녁 바람이 꽤 선선해 졌다. 이제 곧 가을이 오려나 하는 생각도 잠시, 몸의 움직임 따라 콧 등에 땀이 송글송글하니 음~ 아직은.

이런 더위가 한참일 때에 엄마는 나를 이 세상에 내보내셨다. 가만히 있어도 땀이 흐르는 더위를 식혀줄 것이라고는 자연 바람이나 부채가 고작이었던 시절에 아기를 낳고 산후조리를 하는 고통은, 경험하지 않은 이에게 설명하기란 너무나 어렵다. 게다가 산모는 몸을 따뜻이 해야지 한기가 들어가면 안 된다는 오랜 가르침을 벗어날 수 없음이 더 견디기 힘들다.

이미 딸 부잣집에 하나 더 보태어져 그 명성에는 전혀 변함이 없게 되었지만, 늦둥이가 아들이기를 간절히 바라며 힘든 시간을 버티어 내셨을 엄마에게 실망을 드린 것이 내 탓인 양 늘 죄송한 마음을 가지고 어린 시절을 보낸 것은 사실이다. 그렇지만 부모님은 특별한(언니들의 주장) 관심과 사랑으로 나를 지켜 주셨다. 아버지가 세상을 떠나시고 언니들이 모두 결혼해 집을 떠난 후 엄마와 단 둘이 살게 되었을 때, "내가 우리 봉화 낳지 않았으면 어쩔 뻔했냐." 하시며 내게 기대시는 엄마를 보며, 이번 내 생일에는 내가 엄마에게 미역국을 끓여 드려야겠다는 큰 계획을 세웠다. 재료를 준비하고 냄비에 넣는 순서까지 하나하나 엄마의 지도를 받아 성공한 미역국이 엄마와의 합작품이었지만, 조그만 밥상에 국그릇이 올려진 순간의 행복은 잠깐, 잇달아 밀려온 슬픔도 가슴 한가득이었다. 내 마음을 아시는 듯, 간도 딱 맞고 정말 잘 끓였다는 엄마의 칭찬은 식사가 끝나도록 이어졌고 그 기분 탓인지 또 한 생각이 떠올랐다.

31x173cm, 모시조각 손바느질, 홑보

"나는 엄마가 제일 좋아하는 색깔이 뭔지 잘 모르겠어. 노랑? 파랑?"

엄마는 여름이면 당신이 염색하신 노랗거나 푸른 모시 적삼을 즐겨 입으셨다.

"파르스름한 옥색도 좋고 보래한 색, 노리끼리한 색, 나이 들어가면서는 젊을 때 좋아하지 않던 볼그레한 색도 좋아지더라. 아무튼 진한 색보다는 연한 색이 좋아."

용돈 모이면 엄마 옷 하나 선물하려던 내 계획은 색깔 때문에 큰 숙제가 되고 말았다.

세월이 한참 흐르고 엄마는 내 곁에 계시지 않는데, 엄마가 좋아하시던 색 모시 조각을 모아 긴 상보 하나 바느질했다. 엄마 계신다면 이 상보로 꾸민 식탁에 제대로 끓인 미역국 한 그릇 드시게 할 텐데 아무 소용없는 생각으로 시간만 보냈다.

모시, 잠자리 날개 같은

그리운 색동한복

큰 태풍이 올라온다고, 지나간다고 피해가 예상된다는 소식에 며칠 불안했었다. 내 오두막 앞 큰길에 나서면 벼가 익어가는 너른 들녘의 푸르름이 연녹색에서 또 노르스름한 색으로 아침저녁 다르게 바뀌어 가는 것을 보는 즐거움이 큰데, 바람 불어 넘어지고 물에 잠기면 어쩌나! 자연이 가져다주는 비바람을 어찌할 수도 없으면서 해마다 이맘때면 늘 같은 걱정만 반복한다. 이 비가 그치면 한가위 달을 볼 수 있으려나.

  내가 아주 어렸을 때의 추석 즈음에 '사라호'라 이름 붙여진 태풍이 우리 한반도를 강타했다. 6·25 전쟁이 일어나고 휴전상태에 들어간 지 얼마 되지 않아 누구나 어려웠던 시절의 큰비와 바람은 그나마 남아있던 많은 것을 휩쓸어 갔고, 학교에서 통장댁을 거쳐 전달된 휴교 소식이 더 큰 두려움이 되어 방안에서 꼼짝할 수도 없었다. 그날 밤에도 이미 장 봐 놓았던 재료들로 추석 차례상 준비를 마친 엄마는, 방 한쪽에 지난해에 입었던 내 색동 한복을 꺼내 놓으시고 입어 보라 하셨다. 저고리 치마 길이가 모두 껑충 짧아져 있었다. 1년 동안 많이 컸다고 엄마는 웃으시며 치수를 재고 조각천을 마름질하고 바느질 삼매경에 빠지셨다. 소매 치마 길이 다 짧아진 한복 고치지 말고 그냥 시장에서 꽃무늬 원피스나 치마 블라우스 하나 사 주시기를 두어 해 전부터 바랬지만 엄마한테는 말도 꺼내지 못했고, 이번에는 어떤 색깔의 천으로 저고리 소매가 완성될지 궁금해하며 기다리고 있었다. 지난해에도 짧아진 내 저고리 바느질하시는 엄마 옆에서 지켜보다가, 색깔만 다를 뿐 똑같은 넓이의 조각을 하나 둘 잇는 것이 신기하기도 했고, 엄마는 왜 힘든 바느질을 더 많이 하고 있는지 궁금했다.

19x24㎝. 실크 손바느질

"그냥 조금 큰 조각 하나를 붙이면 안 돼요?"

"색동은 원래 우리 오방색*을 같은 폭으로 바꾸어가며 가지런히 바느질하는 거라 나는 배웠어. 이 한쪽 한쪽을 '동'이라 한다. 옛날 이론은 그렇지만 지금 우리들이 그 여러 색깔 다 갖추어 쓸 수 없잖아. 그래서 가지고 있는 천 중에 골라서 이런 색동을 만드는 거다. 없는 살림에 새로 자꾸 살 수도 없고 언니 옷소매 고쳐서 큰동생 입히고 또 한 조각 덧대어서 작은동생 입히며 자연스레 이런 색동이 되었어. 큰 학생 되면 학교에서 다 배운다."

그러나 학교 선생님은 서양미술의 표준 색상도를 칠판에 걸어 놓으시고 명도와 채도를 설명해 주셨지만 우리 전통색에 대한 가르침은 주시지 않았다. 그때의 우리 교육이 거의 그랬다.

"나는 이런 것들을 모두 엄마한테 배웠다."

한참 후 잔기침을 하시며 건네주신 옷을 받아 입고 엄마 앞에 섰다. 이쁜 천 한 조각으로 저고리 소매가 딱 맞고, 처음 만들 때 이런 상황을 염두에 두고 여유 있게 접어 넣었던 치맛단으로 내 키에 적당한 길이의 치마로 재탄생되었다. 두어 해만 지나면 못 입을 텐데 그때 가서 아쉬워 말라 하시며 마술의 바느질을 끝내셨다. 엄마 말씀대로 몇 번의 추석이 지난 후에는 최소한 나에겐 너무나 자랑스러운 교복이 있어 한동안 옷타령하지 않았다. 그 시절의 많은 내 친구들은 진학하지 못하고 엄마 대신 가사를 돌보거나 공장에 취직해서 집안 살림을 도와야 했다.

이제는 정말 그리운 나의 색동 한복, 때때옷.

---

* 오방정색(五方正色): 청색, 적색, 황색, 흰색, 흑색
  오방간색(五方間色): 녹색, 벽색, 홍색, 자색, 유황색

29 x 190 중 부분. 실크 손바느질 겹보

바늘 길게 잡지 말아 고단한 삶 이어질라
한치 키 실 허리에 외귀를 못 이길까
이순耳順에 말귀 뚫어진 철부지 막내딸

바느질하다 먼 산 바라보며 눈 쉬고 어깨를 풀다가,
엄마와의 대화를 웅얼거려봄

문살 89x156㎝, 발 107x170㎝. 모시 손바느질, 홀보

배운대로 따라하고

2

대물림

붐비는 국제 공항의 입국장, 무리무리 나오는 사람들 틈에 유난히 뽀얀 얼굴에 볼이 발갛게 상기된 한 여자아이가 눈에 들어왔다.

"할머니, 할아버지."

"오냐 오냐, 잘 왔다. 힘들지 않았어?"

"할머니, 내가 생각해도 내가 대견해요."

"왜 아니야, 그렇구말구."

방학을 맞아 항공사 직원이 보호자를 대신해 주는 홀로 여행 프로그램으로 서울에서 온 손녀의 도착 일성이다.

"할머니, 나 업어줘요."

딴에는 오는 내내 긴장하고 있다가 할미를 만나니 피곤하고 어리광이 나오나보다. 내 등에서 느껴지는 새 가슴의 콩닥거림이 천천히 걸어온 주차장까지의 거리에도 진정되지 않았다.

다음날, 마무리해야 할 작업이 있어 바느질하고 있는 내 곁에 바짝 붙어 앉아 책을 읽고 있던 손녀가 한참을 가만히 쳐다보더니

"할머니는 누구한테서 바느질을 배우셨어요?"

"증조 외할머니한테서. 증조 외할머니가 바느질 선생님이셨어."

"그럼 할머니는 내 엄마한테 바느질 가르치셨어요? 엄마는 바느질 잘 안 하는데."

미안함과 후회가 휙 지나간다.

"나도 할머니 따라 바느질해 보고 싶어요."

"그래? 쉽지는 않은데 천천히 집중해서 하다 보면 얼마나 재미있는 작업인지 알게 될 거다. 한번 시작하면 너무 재미있어서 그만두지 못하

40x97㎝. 얇은 실크 손바느질, 겹보

는 게 문제점이란다."

크게 소리 내며 마주보고 웃었다. 이 얼마 만에 느끼는 행복한 순간인지. 내 가슴이 콩닥거리기 시작했다. 내 어린 시절의 바로 이 순간도 떠오르고, 속이지 못하는 이 피의 흐름은 또 뭐라 해야 하나. 바늘, 실, 얇은 실크 몇 조각을 보들보들 분홍색 비단 같은 손에 쥐어 준다.

실 같은 바늘을 보더니 놀라는 표정이 역력하다. 천 조각과 실, 모든 재료는 소중히 아껴야지 아무렇게나 쓰고 버리면 안 된다는 할미의 주의를 귀담아 듣고 있다. 나는 너무 신났다.

바늘에 실 꿰고 매듭 잘 지어서 감침바느질을 시작한다. 시접을 안으로 넣은 두 조각의 천을 세로줄로 삼고 아래쪽에서 위로, 바늘을 천과 직각이 되게 바느질하면 바늘땀은 사선으로 나타난다. 1센티미터에 여덟에서 열 땀이 기준이다. 감침질은 홈질보다 어렵지만 이렇게 곱고 얇은 실크에는 감침질이 제격이다. 콧등에 땀이 송송하고 한숨을 가끔 지으면서도 천천히 나아가고 있다. 아무도 없는듯한 고요한 시간이 흐르고 큰 한숨 소리가 들린 후, 드디어 두 조각의 천이 하나가 되어 나타났다.

이런! 세상에서 두 번째 바느질 신동이 나왔네. 또 한 번 소리 내어 웃었다.

이듬해에 딸이 와서 손녀가 해 놓은 만큼의 조각을 이어 놓고 돌아갔다. 기특하고 고마운 마음에 며칠을 들여다보다가 내가 다시 그 조각들을 이어 붙이기 시작했다. 손바느질은 이렇게 대를 이어 가르치고 배워서 지금까지 왔다. 바느질 기법은 물론 그 아름다운 정신까지도.

불을 끌 수 있습니다

오래전의 내 엄마처럼, 큰(이 역시 조각잇기로) 작품하고 난 후에 남아 있는 조각 천들을 모아 마음 가는 대로 이어 본다. 가끔 공개강좌나 전시장에서 조각 천을 이으며 앉아 있는 나에게 다가와서 내 바느질하는 모습을 본 많은 이들이 참 딱하다는 듯이 말한다.

25x40㎝, 모시 손바느질

"요즈음같이 편하고 좋은 세상에 왜 이리 힘들고 눈 빠지는 작업을 해요?"
"아 예, 달리 잘하는 것이 없어서요."
"나는 쳐다만 봐도 속에 불이 나네. 그렇게 쪼가리들 이어 붙여서 저 큰 작품이 나왔어요?"
"예. 저는 이 바느질하며 제 속의 불을 끕니다."
"그래요?"

이 같은 질문을 받을 때 정말 속에 불이 난다. 긴 설명하지 않고 바늘 끝에 눈길을 고정한 채 불을 끄려 애쓴다. 사실, 손가락에 겨우 잡히는 1인치 바늘에 머리카락 같은 명주실 꿰어 잘 보이지도 않는 바느질이 언뜻 보면 갑갑증 날듯도 하다. 하지만 가만히 앉아 바늘땀에 집중해서 한 땀 한 땀 나가다 보면 머릿속의 번잡함이 사라지고 마음이 아주 평온해졌음을 알아차릴 수 있다. 내 어머님이 말씀하신, 침선針線이 침선針禪으로 이어지는 순간이었던 것이다.

미국에서 전통문화 예술가 상 L.A. Treasure Award을 받고, 캘리포니아주 예술국 산하의 캘리포니아 전통예술연합 ACTA에서 마스터

Walking on the Same Path

October 19, 2007 – October 31, 2007

Bonghwa Kim & Chris YJ Cho
Korean Patchwork: Bojagi

Guest Artist : Allyson Allen
African-American Quilts

Opening Reception : October 19, 2007   6:00 pm

KOREAN CULTURAL CENTER LA
5505 Wilshire Blvd.
Los Angeles, CA 90036

Sponsored by
Alliance for California Traditional Arts

Korean Cultural Center
Los Angeles

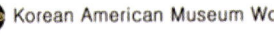 Korean American Museum Women's Auxiliary Council

아티스트 Korean Patchwork로 선정된 후에 주류사회를 대상으로 한 몇몇 행사에서도 많은 이들이 한국 전통문화 예술에 대해 큰 관심을 보였다. 특히 우리의 보자기Wrapping Cloth 사용 문화에 대한 질문이 많았다. 자연스레 할머니, 어머니, 딸로 이어지는 전승 문화에 대한 많은 이야기가 오간다. 왜냐하면 전통예술연합은 '리빙 컬처Living Culture' 프로젝트를 통해, 캘리포니아 땅에서 살아가는 모든 민족의 전통문화가 이 땅에 살아 있도록 특히 소수 민족 전통 예술가들을 찾아내어 지원해 주고 전승시킬 수 있는 환경을 제공한다. 나도 이 프로그램의 혜택을 받아 한인 2세 젊은이 Apprentice Artist를 가르쳤다. 우리나라에서 말하는 도제교육 같은 것이다. 본국에서는 관심 밖으로 밀려나 차츰 사라져가는 전통문화를 이 정부에서는 찾아내고 지원해 주면서까지 지켜주려 하다니! 세월이 흐른 후, 이민자 본국에서는 전승자가 없어 사라지고 잃어버린 전통문화 예술이 이곳에서는(여러 주에서도 실시) 살아 있을테니 너무나 훌륭한 프로젝트라고 생각되면서도 한편으로는 기분이 그리 좋지만은 않았다. 가르치고 배운 그간의 성과를 공개해야 하는 시간, 로스엔젤레스 한국문화원 전시장을 찾아온 많은 미국인들은 작품에 대한 끊임없는 찬사와 내 눈과 손을 함께 걱정해 주며 돌아갔다. 그런데 정작 응원해 주어야 할 동포들의 무관심과 비웃음이 내 속에 불이 나게 했다. 다행히도 같은 길을 걷겠다Walking on the Same Path며 나를 찾아와 준 많은 이들이 있어 오늘도 불 끄는 작업을 이어 간다.

바다를 그리다

바다 작품을 하고 싶었다. 캘리포니아는 긴 해안을 갖고 있어서 잠깐만 차를 달리면 바다와 만난다. 바닷가에 차를 세우고 가만히 앉아서 밖을 보고 있으면 정말 재미있어 시간 가는 줄 모른다. 여러 모양의 요트가 들어오고 나가는데, 크기도 모양도 돛의 색깔도 다양해서 여간 흥미로운게 아니다. 선상 결혼식을 올리고 파티가 한창인 큰 배. 온 가족이 낚시 장비를 손질하며 웃음 가득 바람 가득 돛을 올리고, 다른 쪽에선 타수의 신호에 맞춰 열심히 노를 젓는 조정 연습 팀들과 외로워 보이기까지 하는 일인 카약 등등.

 차에서 내려 걷는다. 혼자서, 둘이서, 또 여럿이, 강아지와 함께 산책하는 온갖 피부색의 사람들과 알아들을 수 없는 다양한 언어가 바람에 날린다. 어쩌다 귀에 익은 다정한 목소리 붙잡으려 애써 보지만 헛수고임을 알아차리고 모래밭에 털썩 주저앉아 수평선을 바라본다. 이 바다를 건너가면 내 고향 해안에 닿는다는데 내 마음은 작은 배를 타고 고향 바다로 간다.

 "야야, 바다 건너 곧장 오면 여기라는데 한번 다녀가기 그리 어렵나? 언제 올래? 전화해."

 엄마 곁에 며칠 지내면서 큰 바다 이야기를 해 드렸고, 잘 도착했다는 통화 속에 언제 올 거냐고 물으신다. 무엇이 엄마의 기억을 가져갔을까?

 파도에 실어 엄마께 보낸 내 안부는 받지도 못 하시고 전화기만 바라보신다는 울 엄마.

 쪽 물들인 세모시를 두 번의 감침 바느질로 만든 홑보 걸개 작품 「고향으로 가는 바다」.

85x70㎝. 쪽염모시 손바느질, 홑보

전시장에 걸어 둔 이 바다를 보던 젊은 여인이 부끄러운 듯 내게 물었다.

"모시 바느질의 선이 어찌 이리 투명하고 고운가요?"

보자기도 기능, 기법, 형태에 따라 분류할 수 있는데 조각천을 이은 보자기의 대부분은 겹보나 홑보이다. 겹보는 명주 등 비단으로 한번 바느질해서 앞면을 만들고 뒷면은 올 풀림과 시접 등을 가리려고 한 장을 덧붙여, 앞뒤가 맞닿은 바느질로 마무리해 두 겹이 되는 것이다.

홑보는 말 그대로 앞 뒷면 구별이 안 되는 방식의 두 번 바느질로 투명한 선이 보인다. 주로 모시나 얇은 실크를 사용한다. 작은 메모지 하나를 가방에서 찾아 적던 여인이 이내 메모를 포기하고 다시 내게 말을 건넨다.

"하얀 세모시로 가리개 하나 만들고 싶어요. 얼마나 멋질지! 저 좀 가르쳐 주세요."

아직 찾아오지 않았다. 쉽게 해결되는 작업이 아니라는 것을 알아차리기나 했는지. 모든 일은 기본부터 시작해서 차근차근 나가야 하는데 특히 바느질은 한 땀이라도 건너 뛸 수 없기에 더욱 더딘 작업이다. 그렇지만 시작하기만 하면 너무 재미있어 그만두지 못한다. 실같이 가볍고 가느다란 이 바늘을 소중히 떠받들며 차분히 자리에 앉기만 하면 된다.

책보에서 백팩까지

바다 건너에서 살 때 미주 문인 모임에서 만나던 팔순이 넘으신 어르신으로부터 전화를 받았다. 얼마 남지 않은 생이다 싶어 주변 정리를 하다가 보니 장 속에 시집올 때 어머님이 혼수로 넣어 주신 손 명주가 아직 있다고. 군데군데 얼룩이 있긴 하지만 그냥 버리긴 아깝고 서운해서, 작품 할 때 쓸만한지 한번 보여 주겠다고 하셨다.

아, 그 시절의 혼수품! 한걸음에 달려가 고이 안고 왔다. 이 귀한 천을 보석처럼 쓰겠다는 말로 위로 드리고.

100년을 넘긴 시간에도 여전히 윤기를 잃지 않은 고운 명주. 그냥 보관할까? 아니, 내 손을 거친 새로운 얼굴로 세상에 내어놓아야지. 긴 세월 동안 자연스럽게 생긴 탈색과 얼룩까지도 귀하게 여기며 이리저리 마름질하다가 올 어머니가 만드셨던 아버지의 책보가 떠올랐다.

아끼시는 고문서들을 잘 싸서 경상 옆에 두셨다가 조심조심 꺼내 보시곤 하셨는데, 왕진 때 들고 다니시던 보자기는 하도 여러 번 덧대어 나중에는 거의 누비 보자기 수준이었다.

단조로움을 피한 바둑판 구성에 갈색 명주실 감침바느질로 조각 이은 책보 완성.

한번은 개인전을 하면서 보자기 몇 작품을 실제 용도대로 싸서 설치 작품으로 전시했었는데 반응이 좋았고, 특히 주류사회 인사들 중에는 책보Wrapping Cloth for Book & File에 관심을 보인 이들이 많았다. 보관과 이동 수단으로서의 보자기와 현대 백팩Backpack의 시초를 만들어 낸 우리 어른들의 지혜를 설명하긴 했지만, 자기들과 전혀 다른 문화를 금방 이해하긴 쉽지 않았을 터. 그래도 나와 시선을 맞추며 기분 좋은

81x90㎝. 옛날명주 손바느질 겹보

한마디씩을 내게 건넸다.

"Beautiful!" 멋진데요!

"Interesting!" 흥미롭네요!

"Incredible!" 믿어지지 않아요!

"Amazing!" 놀라워요!

내가 생각해도 좋은 비교였다. 책보와 백팩. 지금 70대 간혹 60대 이상인 분들도 소학교 시절의 책 보따리를 기억하실 것이다. 등에 매고 앞에서 묶은 책보와 장꾼이나 보부상들이 등짐을 맬 때 쓰던 보자기와 어깨끈이 바로 백팩의 원조라 우긴다.

귀국한 지 얼마 되지 않아 뉴스를 보다가 국정 감사장의 국회의원 테이블 위 자료가 보자기에 싸인 채 놓여 있는 것을 보았다. 보자기 천의 질은 그만두고, 세상 어디에서도 볼 수 없는 이 광경에 저녁 내내 기분이 좋았던 것은 나의 지나친 보자기 사랑일까? 얼마 지나지 않아 컴퓨터 속에 파일로 들어가 버리겠지만, 전통을 이어가는 하나의 행위로 오래오래 그 모습 보고 싶다.

조각보, 그림 되다

우리 옛 여인들의 바느질 솜씨뿐만 아니라, 주어진 여건하에서 이루어 낸 예술적 감각을 자랑하고 싶어 작업에 조금씩 속도를 내기 시작했다. 사실 오래전부터 계획하고 있었지만, 엄청나게 거대하고 셀 수 없이 다양한 문화권 속에서 개인의 작은 움직임을 스스로의 힘으로 주류사회에 알리기란 거의 불가능하다 여겼다. 그렇지만 해내야지. 스스럼없이 활동하는 주류사회의 미술가들과는 다르게 숨듯이 골방에 앉아 전통을 답습 전승하고, 점 선 면 색의 현대미술로 표현해 보려는 나의 노력은 스스로 눈물겹다 여긴다. 작품의 완성도는 물론이고, 우리 선조들의 전통적 삶에서부터 현대 생활의 가치 기준 변화까지를 담아내려 한 의도를 알아주기 바랬다. 그러다 어느 날, 소품들을 마무리하고 프레임을 해서 우리 사무실 벽에 걸었다.

'이렇게 아름다울 수가!'

찾아오는 이들의 관심과 격려에 힘을 받았고, 우연히 알게 된 미주 한인 언론들의 취재가 있은 후 여러 여인들로부터 수업 요청을 받았다. 내 나라가 아닌 곳에 살면서 우리 전통문화를 중히 여기는 이들이 있다는 사실에 신이 났고 곧 수업을 시작하기로 했다. 이때에도 우리 언론들의 역할 덕에 많은 여인들이 찾아 왔었다.

우선은 옛날 우리 여인들의 규방 문화와 바느질 기법을 알아야 하기에, 조각보에 앞서 보자기의 여러 용도와 모양을 중심으로 따라하기 수업을 하다가 한 수강자에게 물었다.

"수업하면서 완성한 작품은 어찌하세요?"

"아까워서 함부로 쓸 수도 없고, 서랍에 잘 넣어두고 자주 꺼내 보

60x120㎝. 얇은 실크 손바느질, 장지에 채색

기도 하고 가족이나 친구들에게 자랑도 합니다."

"사용하세요. 거실벽에 그림처럼 걸든가, 어디 한 곳이 복잡하면 가려주는 용도로도 좋고, 식탁 위의 남은 음식을 덮든지 하면 늘 볼 수 있잖아요? 그게 우리 보자기의 본디 역할이고요."

"얼룩지면 안 되는데 이 귀한 것을 어떻게……."

함께 있던 여인들이 모두 웃는다.

손세탁 방법까지 알려 주면서 곁에 가까이 두고 보기를 당부하다가 한 생각을 말했다.

"숙제하고 남는 시간에 혼자서 색감 구성을 하고, 천과 실 바늘로 그림을 그려 봐요. 캔버스에 물감으로 붓질한 것만 회화가 아닙니다."

구상과 비구상에 대한 형편없는 강의를 진지하게 경청한 후에도 서로 바라보며 난감한 표정을 지었지만 얼마 지나지 않아 거듭거듭 훌륭한 작품이 나왔다. 서로 격려하고 대견해하다가 우리만 보기 아깝다는 생각에 작은 갤러리를 빌려 솜씨 자랑을 했다. 많은 이들이 다녀가고 한국 조각보의 아름다움은 널리 널리 알려졌다. 복을 짓는 여인들 Women Who make Happiness 덕분에.

차향

100년도 더 된 손 명주 조각 아까워 이리저리 겨우 이어 바느질한 다완茶碗 모양.

　말차抹茶라 일컫는 가루 녹차 거품 일궈내어 두 손으로 안아 올리면 코끝에 다가오던 여린 차향을, 낡은 명주 바느질 다완에서 찾으려 애쓴다.

　다인茶人이라면 앞다투어 가지고 싶은 우리 도공의 다완을, 일본인들이 자기들 것으로 하고 싶어 심당길을 포함한 마을의 도공을 모두 데려(?)갔다. 2,3만 명이라는 설과 얼마나 많은 수의 조선인이 끌려갔는지도 가늠할 수 없다 한다. 노량해전에서 패하여 돌아가던 길의 일본군에게 끌려간 조선의 도공들이 가고시마 도자기의 원조가 된 것이다. 시간이 한참 흐른 후의 일인, 강제 징용 노동자나 일본군 종군 위안부에 비하면 대우가 훨씬 나았었다고는 하나 고향에서의 삶에 비할까! 현재 15대 심수관이 이어 오고 있는 전통 방식의 도자기 가마에서는 세계적인 명품 사쓰마야키가 조선 도공의 솜씨로 탄생되고 있다 한다. 우리 민가에서 쓰다 금이라도 가면 강아지 밥그릇으로 마당에 자리했던 그 막사발이 일본에서는 정치적 흥정물로까지 각광 받으며, 고급 이도다완은 일본 성 한 채 값에 비유될 고가의 보물이었다니 잡혀간 도공의 고통이 어떠했을까. 조선의 다완처럼 만들라는 추상같은 주문에 손이 터져 갈라지는 수고로도 질 좋은 고향의 점토는 만날 수 없었고. 낯선 흙을 수도 없이 밟고 치대어 고향에 둔 자식인 양 달래 가며 간신히 쓸어 올렸겠지. 땅바닥에 엎드려 온몸으로 장작불 붙여놓고 바람에 운명을 맡겼을 우리 어른들 생각에, 가마 속의 불같은 화를 가라앉히며 만든 나의 명주 다완. 곧 다향茶香이 피어 오를듯한 찻사발을 들여다보며 다향 나누고 싶은 나의 인연들을 떠올린다. 오래된 헝겊으로 빚어낸 사발 모양에서 다향이란 말이 가당키나 한 것이겠냐만 그런들 어떠랴! 무향無香에서 향기를 찾아내려 애쓴 노력 끝에 나온 속 모습을 보기만 하면 그만이다.

45.5x38㎝. 명주, 모시 손바느질, 아크릴 채색

45.5x38㎝, 명주, 모시 손바느질, 아크릴 채색

언제면 어디든지

얼마 전부터 내가 좋아하는 물고기처럼 살고 싶어 '천어'를 작업하기 시작했고, 계획했던 숫자 가까이 도달하면 이쁜 장소에서 모두와 함께하고 싶었는데 그 꿈이 이루어질 날은 언제일지 상상이 되지 않는다. 팬데믹이 시작되기 두어 달 전 내 몸에 휘몰려 온 먹구름은, 실 같은 바늘에 명주실 꿰어 잠자리 날개 같은 고운 천에 하던 바느질조차 쳐다보지 못하고 고치 속의 애벌레처럼 웅크린 시간을 보내게 했다. 자리에 누운 채 천장을 바라보며 면 분할에 색깔 배치까지 여러 차례 수정하며 머릿속으로만 쉬지 않고 바느질하고 있다가 급기야 엉거주춤 일어나 뒤적뒤적 두꺼운 천 조각을 찾았다. 큰 바늘에 굵은 실로라도 꼼지락거려야 내가 살아 있음을 스스로 위로할 듯해서 누웠다 일어나기를 반복하며 겨우 한 땀 한 땀을 이어 보았다. 진땀이, 눈물이 흘렀다. 이 별을 떠날 때까지 현역이고 싶었는데 이제 끝나는 건가? 어쩌지? 바느질하다 둔 채 그대로 놓여져 있을, 작업실 테이블 위의 그 이쁜 것들이 눈에 밟힌다. 다 내려놓고, 가까이 있는 천어 하나 골라 처마 끝에 겨우 매달았다. 그마저도 내게서 떠날까 봐 가는 낚싯줄에 조금의 여유만 둔 채 단단히 묶었다. 풍경에 달린 천어는 몸이 가벼워, 어떤 바람이 불어와도 소리 없이 제 몸을 맡겨 흔들릴 뿐 어디에도 저항하지 않는 듯하다. 사회적 봉쇄야 시간이 지나면 풀리겠지만 나의 자발적 칩거는 언제 끝낼까? 풍경 끝에 달려 바람에 몸을 맡긴 천어 마냥 '그냥 이대로 있어야지.' 무엇이든 할 수 있고, 어디든 갈 수 있을 때까지.

---

*천어: 천으로 만들어, 하늘을 유영하는, 천마리의 물고기 - 나의 프로젝트

천天, 지地, 인人

원 지름 30㎝, 사각25㎝, 삼각15㎝, 사각10㎝, 쪽염모시, 치자염모시, 고운실크 손바느질

원圓1, 방方5 동서남북과 중앙, 각角3으로 나타내기도 하는데 단군 조선 시대부터 내려오는 우리 문화의 바탕이라고 한다. 하늘과 땅과 그곳에 깃들어 사는 사람. 학문적으로 뒷받침하는 설명은 복잡하고 어려워서 다 할 수 없지만, 내 어릴 적에 어머니께서, 하늘을 두려워하고 땅에 의지해서 사람을 사랑하며 살아야 한다는 것만 잊지 말라 하신 것을 기억한다. 우리 조상의 건국이념인 홍익인간弘益人間에 대해서도 설명해 주셨지만 다 알아듣진 못했었다. 나이 들어 스스로 찾아본 몇 서적 속에서 만난 내용도 어렵기는 마찬가지였다. 지금 이 시절에 오래전의 어머니 말씀이 확 다가오는 것은 왜일까? 너무나 이기적인 인간들의 무책임한 사고와 행동들이 돌이킬 수 없는 사태를 만들어 냈음에도 아무도 책임지지 않고, 선량한 많은 이들이 고통을 분담하며 참아 내고 있는 것이다. 언제쯤이면 하늘을 두려워하고 땅에 의지해서 서로 사랑하며 살 수 있을지 나 자신을 돌아봐도 부끄러움이 끝없다.

새로운 작품을 구상할 때마다 늘 머릿속을 맴도는 바탕이 하늘, 땅, 사람인데 정작 바늘을 잡고 시작하려면, 한없이 크고 멀어서 엄두가 나지 않았던 것이 사실이다.

하늘을 원으로, 땅을 사각으로, 사람을 삼각으로 표현한 이 절묘함은 또 어떤가!

어느 날, 고운 실크를 쪽 염색하고 세모시를 치자염해서 내 눈에 보이는 그대로의 모습을 바느질 했다. 겉에 나타난 모습만 겨우.

20x25.5cm, 5개. 실크 손바느질

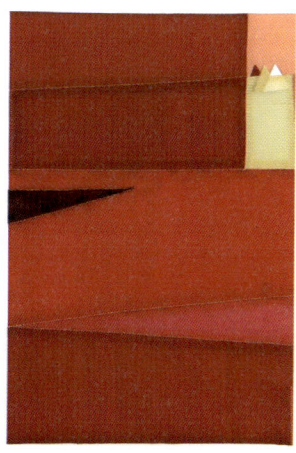

마음대로 갈 수도 올 수도

멀리 떠나 살 적 엄마 건강이 많이 안 좋으시다 하여 귀국하는 길에, 어린 아들을 데리고 오랜만에 친정에 간다며 볼이 발그랗게 웃고 있는 여인을 만났다. 시간이 좀 지나자 한참 종알대던 아이는 잠이 들었고, 15년 만에 친정에 간다며 말을 걸어왔다. 그러니까 아이는 외가에 처음 가는 길. 기내에 들어서자마자 들떠 있던 모자母子의 기분을 이해할 수 있었다. 무엇 때문에 오가지 못했을까? 나의 궁금증을 눈치챈 듯 그 여인은 그간의 여러 상황을 아주 간결하게, 그렇지만 꽤 깊이 있게 설명했다. 경제적 이유가 아니었다는 점을 중간중간 강조하면서.

 그때 이후 얼마 지나지 않아 엄마가 돌아가셨다는 연락을 받았다. 엄마, 엄마 떠나시는 길을 배웅도 하지 못하고, 귀국해서 작품전을 해 보라는 권유를 여러 차례 받고서도 이런저런 이유로 길을 나서지 못했다. 내가 계획을 세우고 준비하는 동안에도 "경제 사정이 아주 안 좋다. 지금처럼 이런 적이 처음이다." 등의 얘기를 들었다. 오랜만의 귀국 길에 어려운 현실을 또 마주해야 한다는 사실이 발길을 붙잡아 다시 미루고 미룬 적이 여러 번. 그때마다 내가 한순간 측은하게 여겼던 그 여인의 모습이 떠올랐다. 다시 그 여인을 만나기라도 한다면 나도 그간의 사연을 얘기해 주어야지.

 '올해 작품 준비 끝내고 내년에 개인전 하는 걸로 해서 가야지.' 하고 계획만 하다가 몇 년을 보낸 어느 여름날, 쪽물 염색한 세모시에 큰 천어를 얹어 '귀향'하고픈 간절한 염원을 담은 작품을 완성했다. 더는 미룰 수 없어 나를 따르겠다는 여인들을 남겨둔 채 '바느질로 그린 그림, 그림이 된 조각보'를 한 아름 안고 귀국길에 올랐다.

19×217㎝, 가변설치. 모시, 실크, 손바느질

달에게 비는 소망

정월 대보름이다.

귀국해서 가르치기 시작한 여인들의 두 번째 그룹전, 「다시 듣는 옛이야기 둘째 마당」.

정월 대보름이 들어 있는 시기였다. 전시장 한쪽의 큰 벽면을 내가 채워야 하는데 무얼 하지? 아무리 내가 가르친 이들이라고 해도 참여작가들의 작품을 방해하지 않아야 하고 내 작품성은 나타나야 하는데……. 고민이 되었다.

대형병원에서 제공하는 이 전시장은, 여느 갤러리와는 다른 방문객이 있다는 점을 작품 준비 과정에서부터 염두에 두어야 한다. 내 개인전과 그룹전을 하면서도 늘 환자와 그 가족들을 중심에 두고 구상을 해야 했다. 쉽지 않았다.

'정월 대보름'. 옛 어른들이 하시던 행사가 있었지. 동네 너른 터에 나뭇가지와 짚을 높이 쌓아 올려 '달집'을 짓고 둘레에 풍년과 무명 장수 등, 각자의 소망을 담아 적은 소원지를 끼운다. 함께 모여 흥겨운 시간을 보내다 행사 마지막에 달집을 태우며 올라가는 불길과 높이 뜬 달을 보며 소원을 빌고 모든 우환도 날아가기를 기원했었다.

밖으로 나가 달을 쳐다볼 수도 없는 이들을 위해 '달집' 설치 작품을 해 보기로 작정했다.

전시장 벽 한쪽에 한지로 만든 보름달 모양을 붙이고, 닥나무 거친 종이로 가지를 만들었다. 모시에 정한수 사발을 꼬집기(손톱으로 꼬집듯 한두 올 끌어 올린) 바느질로 새기고, 가지에 매달린 굵은 끈에 소원지를 달도록 테이블에 한지와 펜을 준비해 두었다. 여기까지가 내 작

모시, 한지, 끈, 마른잎, 설치작

업이지만 많은 이들이 찾아와서 보고 소원지를 달아 주어야 비로소 이 작품이 완성되는건데 살짝 걱정이 되었다.

  요즈음 누가 달을 보며 소원을 빌기나 할까, 그것도 병원갤러리 벽의 설치작을 보며? 그런데, 와! 설치가 채 끝나기 전부터 많은 분들이 오가며 관심을 보이더니 시간이 얼마 지나지 않았는데 금방 끈이 모자란다고 아우성이다. 많은 이들이 작품 앞을 떠나지 못한다. 소원을 비는 사연이 길다. 눈물을 닦느라 시간은 더 지체된다. 나를 찾아온 분들과 함께 손잡고 또 운다. 그 사이 급히 두 번 세 번 끈을 더 연결했다. 이럴 수가! 엿새 반나절 동안의 행사가 끝난 후에 소원지를 모아 하나하나 손 다림질하며 펼쳤다. 장난스런 젊은이들이 쓴 몇 장 외에 수백 장. 얼마나 간절한 마음들인지 나의 경험으로 미루어 짐작이 되었다. 한참 동안 눈물을 쏟았다. 그 소원지들은 내 작업 테이블 옆에 자리했다. 매일매일 들여다보며 그들의 소망이 이루어지길 바라는 마음을 나의 바느질 땀에 담았었다. 이 글을 쓰기 시작하면서 그때를 기억하는 순간, 또 눈앞이 흐릿해졌다. 많이도 울었다. 생각할 때마다 눈물이 났다.

  특별히 기억나는 한 어린 소녀, 머리카락이 빨리 자라게 해 달라던……. 늘 그들의 안부가 궁금하다.

보물과 매화

세상살이가 어떠하든 계절은 돌아와서, 칼바람을 맞고 죽은 듯 웅크리고 있던 내 오두막 근처의 매화 가지에서도 꽃망울이 터지기 시작했다. 안개처럼 내려앉은 미세먼지에 그 곱던 색깔 한 꺼풀을 내어 주더니 30년 입은 내 윗옷마냥 충충해 보인다. 안타깝지만 이만해도 고맙다 하며 들여다본다.

아주 오래전 어느 날에 국립중앙박물관을 방문했었다. 서울에 올라온 지 얼마 되지 않았지만 그동안 가보고 싶었던 장소 중에 몇몇 박물관이 있었다. 내 어린 시절에는 어쩌다 한 번씩 무슨 특별 전시회가 있다 하면 선생님을 따라 줄을 지어 돌아보는 게 고작이었다. 지방 도시에서 열리는 귀한 전시를 관람하는 행사를 기획하신 선생님들의 노고와는 달리, 학교에서 30분 가량 걸어 전시장, 줄 서서 한참이나 차례 기다리다 한 바퀴 쭉 돌아본 후 집으로 돌아오는 일은 피곤함밖에 남지 않았었다. 그런데 내 의지대로 박물관을 돌아보는 이런 호사를 누리다니!

천천히 도자기 전시실을 돌아보다가 '보물 1054호'를 만났다. 15세기 조선 시대 백자인데, 예사롭지 않은 그 단아한 모습에 끌려 한참 동안 자리를 뜨지 못했다. 그 후로도 어디서든지 백자 항아리를 보면 그날의 기억이 떠올랐지만 다시 만날 기회는 없었다. 입체감이 없어 아쉽겠지만 내가 바느질해서 평면으로라도 그 모습을 마주할 수 있으면 좋을 텐데 하며 이런저런 궁리를 하던 차에 한 책 속에서 사진으로 만났다. 너무나 반가웠다. 높이 36.2cm, 입지름 7.4cm, 바닥지름 13.5cm. 유약이 가마 속의 불과 만나 터진 가는 틈 사이에 낀 세월의 흔적까지.

아는 어르신에게 받아 애지중지 아끼고 있는 100년 넘은 명주를 꺼내

50x73㎝. 명주, 모시 손바느질, 분채

바느질해 보기로 했다. 조선시대 한 도공의 조심스런 손 발놀림이 쓸어 올린 기막힌 균형의 백자병을, 누에고치에서 뽑은 실로 한 올 한 올 베틀에 걸어 몇 날 밤을 지새웠을 여인의 명주로 바느질할 수 있다니! 백자병 위에는 한 올 명주실의 상침上針으로 표면의 터짐을 일일이 표현했다. 다시 쳐다본다. 어떤 용도로 쓰였던걸까? 주병이었을까? 화병이었을까? 매화 한 가지 꽂으면 너무 어울리겠다 싶었지만 그 매끄럽고 아름다운 선을 해칠까 봐 곁에 색 모시 잔 두 개를 슬쩍 놓았다. 대신 작은 화병 하나 더 바느질하고, 매화 한가지와 서집 한 묶음을 우리 전통 안료물감인 분채로 그려 넣었다. 풍류를 즐기시던 한 선비의 방이 보인다.

갤러리에 걸린 바느질 백자 앞에서 한 여인이 가까이 갔다 뒤로 물러섰다를 반복하며 한참을 들여다본다. 그날의 내 모습이다.

서로 손 잡아주기

100x65㎝. 다양한 실, 한지, 실크, 손바느질 x 2작품.

나뿐만 아니라 누구라도 예상치 않았던, 갑작스런 어려움을 당했을 때 당황해서 어찌할 바를 모르는 순간이 있을 수 있다. 그럴 때 가까이 있는 누구라도 나서서 손을 내밀어 잡아준다면 얼마나 큰 힘이 될까를 생각한다. 아무런 힘도 없고 나 스스로를 지탱하기조차 어렵지만 실낱같은 기운으로라도 서로 손을 잡는다면 일어서기 한결 쉬우리라.

우리의 전통 색상인 '청 홍'으로 표현한 두 공동체가 상대를 향해 손을 내밀고, 나를 향한 그 손을 기꺼이 잡음으로써 우리는 하나가 될 수 있다. 그럴 수 있기를, 반드시 그러하기를 바라는 마음을 바늘땀에 담았다.

큰 아픔을 떠올리게 하는 여러 번의 4월이 아무런 저항 없이 지나간다. 4월이 오면 떠오르는 게 아니라 그 사고 이후부터 나의 머릿속에서 떠나지 않는 슬픔이다.

날벼락 속에 정신이 나간 듯한 유가족과 일부 사회 참여단체 이외에는 나서지 않던 시기에 한 활동가의 연락으로 세월호 참사 2주기 추모 행사 준비에 합류하면서 더 큰 슬픔을 마주했었다. 요즈음도 옷과 가방에 노란 리본을 달고 다니는 나를 힐끗 쳐다보며, 아직도 세월호 타령이냐며 대놓고 말하는 이들과 눈을 흘기며 지나가는 이들을 자주 만난다. 그렇다. 아직도 타령 중이다. 내가 만든 노란색 꼬마 버선을 들여다보며 이쁘다고 이쁘다고 하다가 그 옆의 노란 리본이 보이면 슬그머니 눈을 돌린다. 좀 더 기다려야 할 듯하다. 무언가 밝혀진다 해도 이 슬픔이 없어지진 않겠지만 그래도 진실을 알게 된다면 좀 낫지 않을까 싶다.

우리가 할 수 있는 일이 없다 해도, 어디에서든 어떤 일로든 힘겹게 버텨나가는 이들을 만나면 비웃거나 외면하지 말고 '손 잡아 주었으면.'

오래오래 행복하세요

여름이 훅 다가온 듯하다. 이른 아침부터 추적추적 비 내리는 밖을 내다보다가, 비 그치고 나면 창가에 모시 발이라도 드리우고 여름을 맞이해야겠다 싶어 모시 바느질한 것들을 내려놓고, 사진을 들여다보는데 아쉬움 가득한 두 모시보가 눈에 들어왔다. 옛날 여인들이 집에서 짠, 성글기도 하고 탈색까지 된 모시(내가 너무나 귀하게 여기는)와 요즘 시장에 나온 발 고운 모시에 내가 자연 염색한 모시 조각까지 백여 조각을 바느질하며 오래오래 행복을 누리시기를 바라는 마음을 담은 백수백복보百壽百福褓. 존경하는 어른의 건강과 장수를 기원하며 긴 시간 작업하고 완성 후 잠깐 사랑하다 떠나보냈다. 100개가 넘는 조각천을 바느질하며 상대를 향한 염원을 담는다는 것은 얼마나 대단한가! 간절히 원하는 것은 이루어진다고 믿는다. 손바느질로 하는 복祓, 福 짓기는 우리 옛 여인들이 남겨 주신 정신 유산임에 틀림없다.

헤어짐을 생각하다 떠오른 기억 하나. 오래전, 20년도 더 되었다. 한 남성이 내 작업실을 찾아왔다. 패션 관련 비즈니스를 시작하는 자기 사무실에 한국 전통을 보여주는 작품 한 점 있었으면 해서 왔다고 했다. 너무나 반갑고 고마웠다. 출신 국가가 다양한 고객을 두루 상대하면서 자기의 정체성을 지켜간다는 것이 얼마나 어렵고 소중한지를 알기 때문이다. 이런저런 의견을 나누다가 한 점을 선택했고, 나는 정성 들여 포장해서 그에게 건넸다.

"따님이 있으세요? 따님 시집 보낼 때처럼 서운하신가요? 선생님 작품 다루시는 모습이 어머님이 제 누이 시집 보낼 때 혼수 챙겨 주시던 모습과 겹쳐져서요."

"딸을 시집 보냈지만 그 서운함과는 많이 다릅니다. 딸은 부모 집을 떠나 살지만 언제라도 볼 수 있잖아요? 이 애기는……."

더 이상 말할 수 없었다.

"제가 오랫동안 귀하게 여기며 잘 간직하겠습니다."

포옹 한 번 더 하고 떠나보냈다.

"얼룩이 지거나 문제가 생기면 연락하세요. 두어 조각 더 얹어 바느질하면 또 새롭습니다. 단, 내가 바늘 잡을 수 있을 때까지입니다."

사랑받으며 잘 있겠지.

67x67㎝. 모시, 손바느질, 홑보

쪽빛 바다이든 하늘이든

연일 덥다. 쪽빛 출렁이는 바다와 진녹색 바람이 부는 나무 그늘이 그립다. 내 오두막 앞뒤가 산이고 쪼르르 나가면 바다인 곳에 살면서도 집안에서 파도와 그늘을 그리워하다니.

"거리 두기 하세요." "마스크 착용하세요." "이곳에서 술이나 음식을 들지 마세요."

가는 곳마다 지적하고, 그러거나 말거나 지키지 않는 이들을 마주하기 싫어 아예 집안에 들어 앉아 그리워하는 편이 낫겠다며 궁상을 떨다가, 며칠 미루어 두었던 염색이나 할까 하고 준비를 시작했다. 쓸모없다며 뒷켠으로 밀려난 천을 주로 쓰지만 꼭 내 작업에 필요한 천이 없으면 자연에서 색을 얻는다. 색깔을 지닌 거의 모든 식물은 기본적으로 염색재료가 되는데 각 재료의 특성을 잘 관찰해서 시간과 정성을 기울이지 않으면 원하는 색상을 얻지 못한다. 주변에 널린 재료를 두고도 염색해야겠다 마음먹으면 온전히 정성을 들여야 해서 시간에 쫓기지 않는 날을 찾아 차일피일 미루다가 늦어졌다.

전날 저녁에 천의 풀기와 불순물을 제거하는 등 정련 작업을 하고 미리 손질이 필요한 염재를 준비해 두어야 한다. 섬유에 염착률을 높이는 매염제도 준비해 두고 염액을 만든다. 손으로 정성껏 주무르고 헹구는 작업을 몇 번이나 했는지, 어떤(소금, 식초, 백반, 잿물, 철, 동, 석, 알루미늄) 매염제를 언제(선, 후, 동시) 사용했는가에 따라 눈에 보이는 결과는 확 달라진다. 이번에는 발 고운 모시에다 쪽으로 바닷빛 염색을 해 볼까? 경험해 본 염색 작업 중에 '쪽' 염색이 가장 어려웠다. 쪽은 한해살이 풀로 서양에서는 인디고라 불리며 인류 역사상 가장 먼

73x91㎝. 쪽염 모시 손바느질

저 사용한 식물성 염료라는데 푸른색의 대명사로 쓰일 만큼 다양한 색을 만들 수 있다. 검정콩이나 포도로도 옥색 계열의 푸른색을 얻을 수 있지만 그 남藍색의 깊이가 달라 쪽염을 고집한다.

오래전 어느 날에도 며칠 동안 그 어려운 모시 쪽 염을 하면서 이게 바다색일까 하늘색일까. 한 번 더 주물러서 진하게 한번 더해서 더 진하게 하느라 얼룩이 생기진 않을까. 건조시키는 내내 하늘을 올려다보고 바다를 떠올리다가 하늘과 바다를 함께 보러 나가기로 했다. 기왕이면 낚싯대도 챙겨서. 낚시 허가증이 필요 없는 피어pier로 가서 쪽빛도 실컷 보고 고등어라도 잡아 오면 좋겠다 싶어 길을 나섰다. 가는 도중에 만난 바람이 심란했지만 기왕 나선 길, 파도치는 바다는 또 얼마나 멋지냐며 목적지까지 갔다. 예상대로 파도가 심하고 낚싯줄이 바람에 날려 내가 원하는 곳으로 보낼 수 없었지만, 바다인 듯 하늘인 듯 보이는 내 시야 먼 곳에 쪽빛 모시가 바람 따라 날리고 있었다. 다시 정신 차리고 한참 전에 내려놓았던 낚싯대를 들어올려 보니 아니, 한 마리도 걸리지 않았다. 이럴 수가! 풍랑 때문에 물고기들이? 옆자리의 일본계인 듯한 부인은 연신 바늘 수대로 고등어를 낚아올리고 있는데 무언가 다른 게 있는지 슬금슬금 살펴봤지만 미끼도 낚싯줄도 거의 내 것과 같은 것으로 쓰고 있었다. 그렇다면? 집중, 집중이다. 그 여인도 떠나온 고향 바다가 그리워서인지 아주 가끔씩 고개를 들어 먼바다를 바라볼 뿐, 쉴새없이 출렁이는 물결 속에서도 물고기들의 몸부림을 알아차리는 손의 감각에만 집중하는 듯했다. 그래야지. 목표를 향한 몸과 마음의 일치가 우선이 되어야지. 잘 준비하고 정성 들여 작업했으면 결과는 당연한 보상으로 돌아온다는 것을 믿고 기다리면 될 것을. 침선針禪에 들지 못한 침선針線에 후회하지 않을 때처럼. 돌아오는 길은 속도계도 보이지 않고, 머릿속은 온통 쪽빛 모시 바느질 생각으로 가득. 그 쪽빛이 오늘 본 하늘이든 바다이든 그냥 그대로 받아야지.

Say, 'Sorry' 미안하다 말해요.

부산 민족과 여성 역사관 관장, 정신대문제대책부산협의회 이사장으로 활동하시던 김문숙 여사께서 96세로 얼마 전 이 별을 떠나셨다. 일본군 종군 위안부 피해 할머니들의 아픔을 위로하고, 일본 정부로부터의 사과를 받아내기 위한 일로 자신의 모든 것을 내어놓은 당찬 여인이셨다. 지난해까지도 매일 사무실에 출근하시고 찾아오는 이들을 만나고, 학생들에게 우리 근대사를 가르치고 소녀상 건립 등등으로 바쁘게 사시던 분이셨다.

내 젊은 시절의 짧은 인연으로 잊고 지내다가, 세월이 한참 흐른 후에 영화 <Her Story>를 통해 그분이 주인공임을 알게 되었다. 사연을 알고 난 2018년 여름, 부산의 그녀 사무실을 방문해 만나 뵙고 그 연세에도 열정적으로 위안부 문제에 집중하고 있는 모습에 큰 감명을 받았다. 평생의 사업을 모두 역사관 운영에 바치고 지금은 사무실 운영비조차 밀리고 있다는 걱정을 들었다. 어떤 방법으로 내 몫을 해야 할지 고민고민하다가 내가 할 수 있는 일로 조그만 도움이라도 드릴 수 있을까 싶어 작품전을 기획하였다. 한 땀의 바느질을 통해 그 어른들의 아픔을 위로하고 미안함을 전하고 싶어서였다.

기왕이면 삼일절 100주년을 낀 기간에 행사 일정이 잡히기를 기대했는데, 나의 전시 기획 의도를 참고한 KBS부산방송총국의 도움으로 그 일정이 정해졌다. 날짜는 다가오고 할 일은 많은데 컨디션까지 나빠져서 몇 안 되는 옷의 허리가 내 것이 아닌 양 헐렁헐렁. 어찌어찌 이리저리 구르며 준비한 행사에 생각을 함께하는 많은 분들이 먼 길을 개의치 않고 전시장을 찾아왔고, 모두가 한마음으로 '꽃길을 걷는 발걸음'과 함께 걸어주셔서 큰 힘이 되었다.

　일본군 종군 위안부 피해 할머니들은 그 당시 '꽃길을 걷던 아름다운 처녀들'이셨다. 영문도 모른 채 끌려가 일본 땅에 닿았고, 이후 동네에 소문이 퍼지며 처녀들이 집에서 나오지 않거나 어떤 처녀는 아예 쪽(비녀)으로 머리를 틀어 올려 그들의 눈을 피하기도 했다 한다. 내 엄마의 친척 처녀는 혼인 준비도 제대로 못하고 서둘러 혼례를 치루었다는 이야기도 들었다. 그런데도 많은 소녀, 처녀들이 끌려가 전쟁터의 일본군 위안부로 살 수밖에 없었다. 이제야 이러니저러니 많은 얘기가 있지만 실제 했던 일을 누가 덮을 수 있는가! 부산 민족과 여성 역사관에 있는 많은 자료가 그 사실을 뒷받침하고 있다.

　부끄러움에 말도 못하고 가슴에 한을 품고 살아오신 그분들에게 진심 어린 사과는 어디에도 없다. 몇 년 전 일본 정부와 우리 정부는 일본이 내어놓은 얼마의 돈으로 위안부 문제는 해결되었다고 말한다. 천만에! 인간으로서 받고 싶었던 사과의 한마디 듣지 못하고 많은 분들이 아픔을 안은 채 세상을 떠나시고, 그 어른들에게 사과와 보상을 안겨 주시려 애쓰시던 김문숙 여사께서도 이제 세상을 떠나셨다. 제발 더 늦기 전에 'SORRY'라고 말해 주기를 요구하며, 반평생 그 한마디 받아내려 애쓰신 여사의 영전에 향기 가득한 꽃 한 송이 올린다.

　'하시던 일 우리가 이어 가도록 애쓰겠습니다. 편히 길 떠나십시오.'

지난해와 다가올 해

항상 연말이 되면, 한 해를 다 보냈고 새로운 해가 온다고 한다. 아무것도 달라지지 않고 바뀌는 것도 없는데 뭐가 가고 오는 것인지 해마다 이맘때면 가져보는 의문이다.

 큰 어른들이 "묵은해니 새해니 구별할 것 없네. 겨울 가고 봄 오니 해 바뀐 듯하지만 저 하늘이 달라졌는가!" 하시며 이 화두로 고심하셨지만 내 이해력은 턱없이 모자라, 그저 만들어 놓은 숫자를 세다 마무리하고 다시 시작하는 수준밖에는 달리 방법 없이 살아왔다. 여러 해 동안 이러면 안 된다 저래도 안 된다를 거듭 들으며 지내오고 나니 이제는 갑자기 애국자들이 잔뜩 나타나 눈 속 칩거의 평화로움을 앗아가고 거슬리는 소음으로 가득 채운다. 그렇지만 어쩌랴, 내가 할 일 해 나가며 평온한 때가 오기를 기다려야지. 옛날 우리 어른들은 이때가 되면 작호도*를 벽에 붙여, 호랑이가 집에 들어오는 악한 기운을 막아주고 까치가 기쁜 소식을 전해 줄거라 기대했다는데, 또 다른 한편으로는 호랑이는 관료로 까치를 백성으로 여겨 날아다니는 새를 이기는 호랑이는 없음을 은연 나타냈다니 얼마나 멋진가! 오래전 어른들의 지혜를 따라 분채 물감으로 그렸던 작호도를 검정 실 자수로 새로이 작업한 졸작 하나 올리며 모두의 안녕을 빈다.

 까치 이기는 호랑이 없음을 알아야 할 이들에게도 '작호도'를 보낸다.

---

* 호랑이와 까치가 있는 그림

46x60㎝, 모시에 자수, 손바느질

다시 봄

3주 동안의 행사를 잘 끝냈다. 지역농협 사무실 한쪽에 마련된 작은 전시공간에 몇 사람이나 와서 제대로 감상할 건가 하는 회의감과 함께 서로 간의 감염 위험도 걱정이었다. 그러나 많은 분들이 다녀가시고 아무 탈 없이 마무리했다. 지역 언론에서 크게 소개해 준 것도 도움이었으리라 생각한다. 농협의 사무용지를 묶어 만든 방명록에는 깨알 같은 손글씨로 눌러쓴 따뜻한 마음들이 오히려 작가인 내게 큰 위로가 되었다.

"손톱만한 조각 위로 깨알같이 뿌려진 바늘땀이 우주만큼 커 보입니다."

눈시울이 뜨거웠다. 한번 만나지도 않은 많은 이들과 이 조각천들을 사이에 두고 나눈 인사와 격려는, 내 눈과 손이 허락할 때까지 현역이기를 바라는 마음을 새삼 다짐하게 해 주었다.

그러다가 3월, 바람의 방향이 바뀌고 있다. 따뜻한 바람을 맞이하고 겨우내 죽은 듯 말라 있던 가지에 움이 트고 꽃을 피우며 그늘을 드리우겠지. 그동안 들여다보지 못했던 앞뒤 마당을 가만히 보니 흙들이 몽실몽실 부풀어 오른 듯했다. 양지바른 곳에 쭈그리고 앉아 가까이서 다시 본다. '다시 봄'이 온 거다. 땅 밑에서 눈바람 추위를 이겨내고, 이제 때가 되었다고 흙을 밀어 올리느라 연신 힘을 쏟는 모습이다. 곧 새싹들이 빼꼼히 얼굴을 내밀겠지. 지난해 이쯤에도 땅바닥에 바짝 얼굴을 들이대고 수줍은 듯 올라온 새싹을 자세히 본 적이 있다. 이런, 가늘기 짝이 없는 줄기가 둥글게 휘어져 있는 게 아닌가! 얼마나 힘들었으면! 수고했다 정말 수고했구나. 이 얼마나 위대한 자연의 순환인가!

새싹, 허리가 휘도록 흙을 밀어 올린다.
가슴에 꽃 한송이 품고서.

25x20㎝. 실크 손바느질

눈오는 겨울 밤, 소복히 내리는 눈처럼 지극히 아름다운 조각입니다.
쉼없이 내리는 겨울 눈처럼 한땀 한땀 바느질 하는 선생님의 모습이 그려집니다.
정말정말 수고 많았습니다. 모든 작품들이 선생님을 닮은것 같아요.

정성스럽게 바느질을 하고 있는 선생님의 모습이 그려져요.
아름다운 풍경과 색깔, 뭔가 기분이 맑아 집니다.
선생님이 쉼심히 한 땀 한땀 바느질한 작품이 너무나도
멋져요. 풍성한 작품들이 눈에 다 들어와요.
더 멋진 작품이 나오길 기대 할께요.
선생님, 화이팅!! 응원할께요.   - 이 산

상상해 보지 못했던 하늘과 산과 들을 만나고 갑니다. 고운 버선발로 아이처럼 총총거리며 가는 기쁨.
사발에 따끈한 국수 한 그릇 담을까, 시원한 냉면이 나올까? 시각과 넉넉함에 침샘이!
첫 잔속 많은 차 한잔에 제 얼굴도 비추어 보고!
손톱만한 조각 위로 해알같이 벌려진 바늘땀이 우주만큼 커 보입니다.   고맙습니다.

이루지 못한 사랑

어릴 때부터 하고 싶고 배우고 싶은 게 많았다. 그중에서도 도자기 작업은 언젠가 꼭 해 보리라 다짐했던 종목이었다. 흙을 쌓아 올려 모양을 만들고 가마에 구워내면 세상에 둘도 없는 멋진 쟁반이나 컵들이 만들어지는 줄 알았다. 세상일 어느 하나 내 뜻대로 쉽게 되지 않는다는 사실을 알아차릴 즈음에 한 지인의 집에서 '달항아리'라 이름하는 큰 도자기를 처음 보았다. 와! 달빛에 달 모양. 흙 작업에 대한 꿈이 스멀스멀 나왔다. 유명 작가의 작품이라며 설명하는 집 주인에게 "나도 배워서 이런 항아리 꼭 만들겠다." 했다. 그러면 "우선 체력부터 키우라." 하셨다. 물레를 발로 차서 쉴새없이 돌리고, 돌아가는 물레 위에서 반죽 된 흙을 쌓아 올려 모양을 만드는 작업은 무척 고된 작업이라며 몸짓까지 동원해 설명해 주셨다. 특히 이런 달항아리는 이만한 큰 사발 두 개를 엎어 붙여야 해서 어지간히 숙련된 장인도 쉽지 않은 작업이라는 설명에서 머리가 띵 했다. 거기에 덧붙여 흙 작업 하려면 명주실 손바느질은 포기해야 한다는 조언까지 주셨다.

'바느질로 그린 그림, 그림이 된 조각보'를 몇 날 며칠 고민하는 동안에 100년도 훨씬 더 된, 귀하디 귀한 손명주가 내 손에 들어왔다. 많이 상한 부분을 조심해서 잘라내고 얼룩진 점까지 아껴가며 조각조각 이은, 바느질로 만든 나의 '달항아리'. 손에 흙 묻히지 않고 편안하게(?) 앉아서 한 작업이 장인의 고된 수고로 탄생되는 항아리와 어찌 비교될까마는, 내가 그토록 가지고 싶었던 달 모양 항아리를 이렇게라도 쳐다보게 되어 나 스스로는 대견했다. 꽤 긴 시간 바라보며 즐긴 후 세상에 들고 나왔다. 많은 이들이 찬사를 아끼지 않았고 즉시 안고 가겠다는

45.5x53cm, 명주, 손바느질, 아크릴 채색

제의도 여럿 있었지만 쉽게 보낼 수 없었던 사연을 간직한 김봉화의 달 모양 항아리. 이 아름다운 봄날에 갤러리 초대 개인전을 끝내며 드디어 시집(?^^)을 보냈다. 서운한 마음에, 함께 많이 좋아하며 자기가 찜해 두었다고 농담처럼 말하던 여인에게 소식을 전했다.

"그 애기 시집 보냈어요."

출근하는 지하철 속에서 보내온 아쉬움 가득 담은 답글을 받아 읽는 동안 식탁 위 커피잔 속의 뜨거운 김이 내 눈으로 확 올라오는 게 아닌가!

'진작 고백하지 왜 안 했어요? 짝사랑은 진심을 고백해도 잘 이루어지지 않는다는데 열정 가득한 고백도 하지 않았으니……'

평소에 껌뻑 넘어가도록 호들갑 떨지 않는 그녀의 소복한 눈웃음을 내가 좀 더 눈여겨 봐주지 못한 미안함이 목젖을 차고 올라온다.

'앞으로는 제발 그러지 말기를! 진정 사랑한다면 고백하고, 어떻게라도 자기와 함께하도록 애써봐야지. 그렇다면 두 번째 찜해 둔 건 지금 바로 고백해요, 가슴앓이하지 말고. 얘기라도 나누다 보면 그 사랑 차지할 방법이 없지 않을 텐데.'

푸르름이 그리워

바다 보러 나갈까 하며 하루 이틀 미루다 비 맞이하고 있다. 아침나절 내내 사방이 컴컴하고 굵은 빗방울이 후두둑 떨어졌다 그쳤다를 반복한다. 지붕에 떨어지는 빗소리에 신나서(?) 하던 일을 멈추고 밖을 내다본다. 겨울이면 나타나고 여름이면 없어지는, 건너편 산 아래 부지런한 농부의 집이 초록에 갇힌 걸 보니 여름이 확실하다. 맞은편 조금 맑은 산골짜기에는 이른 점심 준비하는 아궁이 연기 같은 안개가 피어오르고.

    몇 년 전 늦여름에 이곳을 올 때만 해도 큰 면적의 감나무 농장이 쭉 이어져 있어 눈앞이 온통 초록으로 출렁거렸었다. 내가 이곳에 주저앉게 된 한 이유이기도 했다. 그 푸르고 싱싱한 잎이 단풍 들고 떨어지면 잎 아래 숨어 있던 붉은 감이 초록 자리를 대신하고, 잠시 지나면 마른 가지 위에 내린 눈이 또 다른 풍경을 내어줘, 아무런 공로 없이 받은 선물에 감동하곤 했었다. 그런데 그 감동도 얼마 되지 않아 하나둘씩 잘려 나가 휑하더니 한순간 또 다른 초록이 자리를 잡은 게 아닌가! 언제까지나 곁에 있을 거라 여기며 무심히 대했던 자연이 어느 순간 사라지고 대체할 수 없는 무기력함을 탓할 때는 이미 너무 늦었다. 한 해를 두고 계절 따라 한 번씩 바뀌던 풍경이, 일 년에 서너 번씩 초록과 오색 파라솔 물결로 오가는 밭이 되었다. 산책길에서 만나면 늘 반기는 듯하던 감나무들이 다 잘려 나가고 휑해진 공간을 보며 아쉬워하다 감나무 농장 주인으로 알고 있었던 분을 만났다. 그분도 서운하시다 했다. 봄부터 거름 주고 제초하고 가지 정리 등 허리 빠지게 잔 일들 하며 감 한 알 소중히 키워내어 일일이 가위질로 수확하는데 거름

값도 안 나오니 어쩔 수 없었단다.

　업자들에게 빌려준 빈 밭의 임대료가 늙은 몸 수고한 것보다 낫고, 땅 쪼개어 팔아 조금 생긴 돈으로 치료라도 받는 편이 낫지 않겠냐며 담배에 불을 붙인다. 그는 담배 연기에 한숨 실어 바람에 날려 보내는데 나는 곁에서 그 연기 탓인 듯 괜한 기침을 했다. 그동안 쉬운 말 한마디로 주문해 받은 감의 단맛에만 정신 빠졌던 일이 부끄럽기 그지없다. 아름답던 풍경도 달콤한 그 맛도 내게서 멀어지고, 파라솔이 빛을 발하는 하루 이틀은 반찬 양념에 파 양파를 넣지 않아도 될 정도의 매운 향만 코끝에 와 있다. 바로 어제도 그랬었다. 우리 농촌 살리기 운동은 어느 곳 어느 농산물에서 끝나는가! 로컬푸드 매장은 진정 지역 농민들의 기쁨이 가득 찬 곳일까? 내가 이곳으로 올 때만 해도 화학비료나 제초제 쓰지 않고 모두 손으로 논밭 갈아 콩도 깨도 심고 손 모내기, 벼 수확 함께하며 축제같이 농사짓던 이들이 제법 살고 있었다. 농한기에도 구들방에 모여 앉아 벌레 든 콩 일일이 골라내며 메주 쑬 준비에 바빴던 그들. 좀 느리고 몸이 힘들지만 우리 땅을 살려보겠다며 애쓰던 그들을 믿고 나는 이곳에 주저앉았는데 이제 그들도 많이 지쳤나보다. 곧 식량이 무기가 되는 시대가 올 거라는 걱정이 점점 커지고 있다. 이미 어느 국가에서는 식량을 전쟁 물자처럼 여기고 수출 길을 막거나 항로를 열어 주지 않는다고 들었다. 큰일이다.

　걱정하는 너는 우리 농촌을 위해 한 일이 있느냐고 묻는 이가 없기를 바라며 푸르름이 너울거리던 시절을 그리워한다. 아쉬운 마음도 가득하다. 떠나간 이들은 돌아오지 않으려나.

　내가 가르치던 대안학교를 떠나는 젊은이들에게도 말했었다.

　"할미는 이 세상 사는 동안 이곳을 떠나지 않을 테니 생각 바뀌거든 언제라도 돌아와서 서로의 날실과 씨실이 되어 베(?)를 짜자."

　간간이 안부 문자를 보내올 뿐 아직 아무도.

45.5x61㎝, 실크, 손바느질

또 참아야 하는 운명

68x100㎝. 고운 실크 손바느질

뉴스 방송을 보지 않은 지 여러 달이다. 얼마나 긴(?) 시간을 서로 잘하겠다고, 상대보다 내가 낫다고 경쟁하며 떠들어댔는가! 그동안 몇 번 본 적 없는 애국자가 나와서 나라를 위해서만 살겠노라고 호언장담하더니 곧바로 시끄러워지기 시작했다. 이런 소음들을 듣기 싫었다. 아침에도 식사하며 들으려 연주 사이트를 찾다가 주르르 따라올라온 몇 개의 동영상 제목이 눈에 확 띄었다.

아 아니 어찌 이런 일이? 푸른 물오른듯 싱싱하던 젊음들이 가을의 꽃잎처럼 이리 지다니. 아직도 가슴 아파 통곡하며 기억하고 해결해야 할 그 많은 숙제 위에, 이 상황을 또 포개어 업은 채 참고 살아가야 하는 우리들의 운명이라니.

이제 또 누가 책임을 져야 한다느니, 그 누가에 포함된 여럿은 자기 탓이 아니라느니 핑계의 끝에 금방 들통날 거짓말까지 해대며 서로를 비난하고 싸울 것이 뻔하다. 똑같은 레퍼토리 정말 싫다. 갑갑한 마음에 바다를 보러 나갔다.

                    비 내리는 회색빛 바다
            흐린 먹 묻힌 붓끝으로 번짐 한 듯
              어디가 하늘인지 바다인지
          희끄므레한 선 하나가 경계인 듯
    파도는 쉴새없이 나를 향해 달려오는데
            앞서 온 파도는 어디로 갔는가?
       이미 다 헤쳐 지나온 줄 알았던 파도가,
         아직도 남았다 어림없다 밀려온다.
                  대책 없다 무섭다.
            도망치듯 집으로 와 엎드린다.
         더는 뛰어넘을 기운조차 없다.

램프, 그 따뜻함

나는 촛대와 램프를 좋아한다. 촛대는 빈티지 가게든 동네 이웃 차고나 마당에서의 세일이건 거의 무조건 구입한다, 당시의 내 지갑만 만져 보고.

촛불은 가까이 두고 운치를 느낀다면 램프는 조금 떨어져 거리를 두고 쳐다보면 더 멋이 있다, 선반 위에 얹거나 벽, 천장, 처마 끝에 매달아 두고서.

전기가 없던 시절, 초나 램프에 의존하던 집안 생활을 생각해 본다. 지금으로서는 그 불편함이 상상도 되지 않지만 내 어린 시절만 해도 우리나라의 전기 공급이 충분치 않아 한 가정에 한 등만 사용하도록 규제하던 때가 있었다. 전등불 외의 가전제품은 생각지도 못했고 두 방 사이의 위쪽 벽을 뚫어 희미하게나마 전등의 혜택을 보는 것이 촛불에 비하랴! 옛날 내 할머니는 초마저 마음대로 쓸 수 없던 시절에 "촛불 밑에서 바느질할 수 있으면 원이 없겠다." 하셨다니 밤도 낮처럼 사는 지금의 우리가 어찌 그 불편함을 이해할까.

서양에서는 심지가 조금 크고 높이 조절이 가능한 램프로 불을 밝히고 손잡이로 이동할 수 있게 만들어진 반면, 우리는 면실이나 한지를 꼬아 만든 심지를 조그만 항아리 모양의 사기그릇에 꽂아 불을 밝혔었다. 호롱이라 했다. 물론 나무 틀 속에 호롱을 넣고 기둥에 걸거나 긴 막대에 매달아 밤길 나들이에 사용하던 등롱도 있었다.

언제든 빈티지 가게에 들릴 때면 램프가 있나 살핀다. 서부 영화에서나 봄직한 램프도 가끔 보이는데 가격이 괜찮다 싶으면 몸체가 많이 상한 것이 대부분이다. 그래도 집에 데려와서 녹슨 부분을 닦아내고,

50x50x100㎝, 모시, 손바느질, 대나무 램프커버

금이 가거나 끝부분이 살짝 깨진 것은 조각천 몇 개 이어 위에 붙이면 완전 멋진 램프가 탄생한다. 가끔 이런 램프가 어울릴듯한 집을 방문할 기회가 있을 때면 빈티지 램프 하나 들고 가서 인사를 많이 받았다. 지금도 내가 모시나 얇은 실크를 손바느질해서 만든 전등 갓은 전시 때마다 인기가 많다. 새 작품 구상에서도 언제나 램프는 순위에 오르곤 한다. 우리 모시 올과 홑바느질 땀 사이로 비치는 불빛은 어떤 감탄사로도 충분치 않다. 가정의 에너지 사용 부담을 좀 덜고, 환경 오염(원전과 화석연료 등)의 문제를 줄이는 데에 은은한 불빛의 램프가 한자리할 수 있기를 바라는 나의 마음이 무슨 소용이 있을까!

또 한 해가 저물어 간다. 마음의 등불이라도 밝혀야겠다.

20x20x38㎝. 스틸프레임, 모시, 실크 손바느질

'등롱' 만들다

로스앤젤레스 근교 한 작은 도시에서는 해마다 음력설(그들은 Lunar New Year라 한다.)이 되면 '우정의 축제'Festival of Friendship Celebration 행사를 하고 있는데, 그 해에는 그 행사에 여러 민족의 전통 등 퍼레이드Lanturn Parade & Lighting Ceremony가 추가 예정되었던 모양이다. 한인 커뮤니티에서도 우리 전통 등을 만들어서 그 행사에 참여하면 좋겠다 싶은 생각을 가지고 애쓰던 한국계 시의원이 내 작업실을 찾아왔다. 실질적인 아무런 지원도 없는데 다민족 커뮤니티 행사에 우리만 빠질 수 없어 '부탁드린다'는 인사에, 내가 하는 작업이 원체 시간이 걸리는 것이라서 노력은 해 보겠지만 약속은 못 한다는 답을 돌려줬다. 한인 커뮤니티의 지원이야 언론의 기사 외에는 늘 없었던 터라 그러려니 하고라도 시간이 너무 빠듯한데 무얼 어쩌지? 우리 전통 '등'이라…… 퍼레이드가 끝난 후에는 아름답기로 소문난 지역 도서관에 한 달 동안 전시된다고 하니 알고는 빠질 수 없었다. 나 혼자만의 사명감에 하루를 꼬박 앉아 궁리하다 모시 조각을 주섬주섬 모아 '등롱'을 만들기로 하고 바늘을 들었다. 등롱은 주로 가늘게 쪼갠 나무나 철사로 살을 만들고 그 위에 종이나 천, 유리를 씌워, 속에 넣어둔 촛불이나 등불의 바람을 막았다. 대문 앞이나 마루 끝에 걸어 두기도 하고 밤길에는 막대를 끼워 들고 다니기도 했던 우리 '등'이지 않은가. 푸른색과 붉은색을 씌워 만든 등롱인 '청사, 홍사초롱'은 또 어떻고. 준비할 시간은 너무 짧고 재료는 빈약한데 잘 만들어야 한다는 부담감에 잠을 설치기도 했다. 아무리 급해도 바느질은 한 땀도 건너뛸 수 없는데 시간은 빠르게 지나갔다. 부랴부랴 마무리해서 전달하고 행사장에서

16x16x52㎝. 모시 손바느질

한복 곱게 입은 무용단원들의 손에 들려진 '등롱'은 부피감과 함께 멋졌다, 적어도 내 눈에는.

「모시 등롱 '한국의 미' 밝힌다」는 제목의 한인 언론 기사가 나가고 행사를 취재한 많은 현지 언론들의 찬사에 이어 모시 손바느질 기법을 궁금해하는 관련 예술가들의 연락을 여러 차례 받았다. 아무리 자세히 설명해준들 직접 바느질해보지 않고 어찌 알까?

잠 설치며 고민하고 아픈 어깨 허리 툭툭 치던 순간들이 또 한 편의 아름다운(?) 추억으로 남았다.

아직도 독립운동 중

계절의 구별이 뚜렷하지 않은 캘리포니아에서도(북부와 산악은 사정이 좀 다르다) 3, 4, 5월에는 온 동네에 꽃이 만발한다. 꽃잎이 지기 전에 서둘러 가 봐야 할 곳이 있어 길을 나섰다. ~~블라썸, ~~밸리라 이름 붙여진 작은 도시들이 이웃하고 있는 도로를 지나다 보니 줄지어 있는 과일나무꽃들과 떨어진 꽃잎들이 분홍빛 양탄자인 듯, 아름다운 풍경이 끝없이 펼쳐졌다. 큰 땅덩이를 실감하며 몇 시간 달려 도착한 광활한 농장지대. 미주 이민 초기 우리 선조들이 고향을 떠나와 일하던 오렌지 농장이 있고 찾아 와 주는 후손이 없는 이들의 무덤이 있는 곳. 종횡으로 줄 지어선 과일나무들의 사열을 받으며 골짜기가 내려다보이는 언덕에 섰다. '오렌지 향기는 바람에 날리고', 사방이 산으로 둘러싸인 이곳은 어디인지, 어디로 나가야 길인지도 알 수 없었을 것 같은 곳에서 노동계약을 지켜야만 했을 착한 어른들 생각에 내 코는 마비되고 말았다. 우리 어른들은 이곳의 오렌지꽃 향기에서 고향의 복숭아꽃 살구꽃 향기를 맡았을까? 이곳저곳 다니며 편히 살고 있는 후손의 미안함을 담아 쓰러져있는 비석 앞에 서서 중얼거렸다.

'이젠 바람처럼 자유롭게 넓은 하늘을 날고 계시지요?'

1903년 1월 13일, 제물포항을 떠나 하와이 호놀룰루로 향하는 갤릭호에는 하와이 사탕수수 농장 일꾼으로 가는 102명의 우리 어른들이 타고 있었다. 하와이에는 추위도 없고 무상교육에 '나무에도 돈이 열린다'는 등의 소문에 속아(?) 고향을 뒤로하고 떠난, 한인 미주 이민 첫발이었다. 나무에 돈 열린다는 얘기에 내 어릴 적의 추억 하나가 떠올랐다. 딸기 재배를 많이 하는 고장에 사는 친척이 '딸기 수확철에는 동네 강아지도 만원짜리 물고 다닌다'고 했다. 나는 그 친척 동네를 가보자고 엄마를 졸랐는데, 엄마는 실제 그게 아니고 그 정도로 생활에 여유가 있다는 뜻이고 어른들의 비유는 그런 과장 표현이 많다며 나의 호기심을 가라앉히셨다. 시간과 돈을 들여 준비하고 떠나는 요즘 같은 시대에도 고향과 멀어진 땅, 안 통하는 언어, 확 다른 문화에 어느 정도, 정말 어느 정도 익숙하기까지 얼마나 긴 시간이 필요한지는 실제 경험해 보지 않으면 짐작조차 어렵다. 그래도 용감한 우리 어른들은 1905년까지 7,000명이 넘게 미국 땅에 내려 그 어려운 삶을 지탱했고, 지금은 250만여 명으로 추산한다고 한다.

우리나라가 일본에 의한 강제 합방 이후, 일본 식민지 정책에 반발하며 우리 주권을 찾으려는 독립운동이 국내뿐 아니라 여러 나라에 거주하고 있는 한인사회에서도 활발했다고 전해진다. 1919년 3월 1일 본국에서 민족 지도자(?) 33인이 참여한 독립 선언문이 낭독되고, 전국이 독립 만세 운동으로 불붙던 그해 4월에는 필라델피아에서도 제1차 한인 회의를 사흘간 열고 독립선언서를 낭독하는 등 미주의 3·1운동이 일어났다 한다. 여인들도 흰색 한복에 머릿수건을 두른 채 '왜간장* 안 사 먹기' 피켓을 들고 시가행진을 하며 일본의 식민지 만행을 규탄하였다. 일본제품 불매운동의 시조라 여겨지는 이 사건이, 먼 타국에서 고향을 향해 보내는 응원이었을 것이다. 이즈음에 캘리포니아 중부와 남부의 오렌지 농장 등에서 일하던 우리 어른들은 도산 안창호 선생을 만난다. 일찍 미국 땅에 들어와 농장에서 일하며 미국식 교육과정을 이수하신 도산 선생은 우리 동포들의 미국 생활을 이끌어 주면서 조국 독립운동의 구심 역할을 하셨다. 모두들 온 힘을 다해 농장 일꾼으로 일한 급여 중 일부를 독립운동 자금으로 내어놓았고, 도산 선생께서

---

* '왜간장'은 일본 공장제품인 양조간장, 우리 가정식 전통 간장은 '조선간장'이라 구별했다.

상해 임시 정부와 본국을 오가며 활발한 독립운동을 펼치는 데에 큰 힘이 되었을 것이다.

그렇지만 독립운동은 아직 끝나지 않았고, 나는 아무것도 하지 못하고…….

지름 약120㎝, 가변설치. 실크 울 손바느질

고향이 어디일까

물고기는 25~35㎝ 사이. 비단, 모시, 손바느질

 이삿짐을 대강 챙겨 놓은 후에 우리 당호堂號 '무향거' 현판을 마당 끝 나뭇가지에, 처마 끝에는 천어 풍경도 걸어두고 수십 시간 파도를 이겨내며 탈 없이 나를 따라와 준 모든 것들이 귀하고 고마워 하나하나 들여다보았다. 그 이튿날도 마당에 나와 이리저리 둘러보니 눈에 들어오는 이웃은 단 두 집인데 바로 내 집 앞 길을 지나가는 한 가족은 은퇴하신 교장 선생님 부부댁이고, 내가 지나오는 길 안쪽에 한참 들어가 있어 좀 멀다 싶은 한 집은 지역 토박이 아랫집이다. 가까운 댁부터 우선 인사라도 해야 되는 것 아닌가 생각하는 순간에 윗집 할머님이 내려오셨다. 인사를 드리자 기다렸다는 듯이 호구 조사를 했고 추가로 내 집 주인의 험담까지 이어졌다. 나의 반응을 잠시 기다리던 할머니는 어색한 듯 다른 질문을 내게 했다.

"내가 무향거가 무슨 뜻인지 궁금해서 우리 집 선생님한테 물었더니 '고향이 없는 사람의 집' 이라고 하던데 맞아요?"

"아 예, 한글로 써 놓았으니 그리 이해하셨을 수도 있겠습니다."

할머니는 이후에도 당신 남편을 얘기하실 때 늘 우리 집 선생님이라 하셨다.

이삿짐을 한참 내리던 날, 두꺼운 나무 박스를 흘깃 쳐다보며 지나가시던 선생님께서 나름 짐작하셨나보다. 타향도 정이 들면 고향이라던데, 그리 정들었던 타향은 어디 있었던가! 나의 태를 받아준 고향과는 또 얼마나 멀리 있었던지, 고향이 없지 않다고 반박할 멋진 근거를 찾을 수 없어, 몇십 년 나가 살다 귀향했다고 말한 지가 10년이 되어도 아직 무향거無香居에서 무향인無鄕人으로 살아간다.

물고기처럼 깨어 있어야 할까

옛날부터 요즘까지도 가끔은, 새 사업을 시작하거나 이사한 새 집 입구 안쪽에 북어를 매달아 놓은 것을 본 적이 있다. 행운을 비는 일종의 부적 같은 것이다.

물고기는 잠을 잘 때에도 눈을 뜨고 있어 경비guardian 역할로 우리 주변을 잘 지켜 줄 것이라는 오랜 믿음이 우리 어른들에게 있었다. 물에서 튀어 오르는 황금 잉어를 그림으로 그려, 과거시험을 준비하는 젊은 선비에게 용기를 주고 여러 경쟁자 중에서 튀어 오르듯 선택되는 행운을 받으라는 염원을 보내 주기도 했었다. 스승이나 주변의 선비 어른에게서 받은 황금잉어도를 벽에 걸어 놓고 바라보며 과거를 준비하던 수험생 선비의 마음을 우리는 잘 안다. 옛 어른들은 약하고 불안한 인간의 심성을 어디엔가 기대어 보고자 여러 방법으로 애쓰셨다.

동틀 무렵 떠올린 한 사발의 정한수,

온몸으로 받들어 올리는 108배,

손발 터진 피고통을 무감각으로 밭갈이하며 소원하는 혼잣말,

나쁜 기운 막으려(벽사) 대문 등 곳곳에 붙여둔 글과 그림,

산길 걷다 발길에 차인 돌 집어 뒷 길손 지키다 쌓은 돌탑.

내 가족의 대소사뿐 아니라 이웃의 안녕도 염려하는 선한 마음이 모여 여러 어려움을 지켜내지 않았던가! 우리 사회가 현대화되기 이전의 신앙을 미신이라 몰아세우고 무시하는 것에는 동의하지 않는다. 우리 옛 어른들은 대부분 순박해서 선한 영향력을 따랐다.

'지독한 사욕'이 배제된 '선한 영향력'

나의 바느질로 태어난 물고기, 천어는 우리 모두의 행운을 비는 마

물고기는 20~35㎝ 크기. 모시, 손바느질

음을 가득 담고 있다. 이 어렵고 힘든 시기를 큰 탈 없이 지낼 수만 있다면 이미 침침해진 늙은이 눈 조금 더 나빠진들 어떠랴! 각자가 믿고 의지하는 신에게 우리 모두를 돌보아 주시도록 빌어 보자. 한결같은 마음으로 열정을 다 해 소원하면 이루어진다는데 아직도 이 어려움을 벗어나지 못하는 것은 간절함의 부족일까? 예사롭지 않은 이 상황이 걱정이다. 바다 건너 시집간 나의 '천어'들에게도 '친정인 이곳을 지켜 주기를', 실없는 부탁을 해 본다.

     Fish for Good Luck!
      (행운의 물고기!)

누구의 덕분이든

매일 아침 잠자리에서 일어나 창문을 열면 사방의 산들이 나를 바라본다. 마을을 둘러싼 산들은 우리가 어떤 상황에 있든지 상관없이 자기들에게 와 닿는 바람의 기운에 따라 옷을 갈아입고, 인간이 괴롭히지만 않으면 늘 그 자리에서 들판을 내려다보며 의젓히 있다.

특히 여름에 멀리 혹은 가까이에 있는 푸른 산을 바라보면 어린 시절에 한 일들이 생각나서, 산을 오르며 산을 좋아하는 이들과는 달리 바라보는 것으로 산을 사랑하는 내가 되었다. 풀씨를 채취해서 산에다 뿌리고, 작은 나무들을 줄지어 심었다. 비가 내리지 않아 어린나무들이 누렇게 말라가면, 가까운 하천물이라도 조그만 양동이로 퍼 날라 부어 주기도 했지만 그것도 아래쪽 줄에 있는 몇몇 그루에 불과했다. 높은 곳은 양동이를 들고 오르지도 못했고 쫄쫄 흐르던 하천도 바닥을 드러냈다. 세월이 흘러 어려운 환경에서도 자라준 나무에 벌레들이 번식해서, 또 다른 생장의 위협이 되는 것을 막으려 힘들게 산을 오르기도 했다. 푸른 산에 대한 나의 애착은 어린 시절의 이 작은 활동에서부터 만들어졌지 싶다. 물론 처음부터 선생님이 시켜서 한 일이었지만 말이다.

귀국한 지 얼마 되지 않은 때 한 활동가의 연락으로 '골프장 설립 반대운동'에 참여했는데, 지역민 특히 연세 많은 지주들의 분노가 분위기를 매우 어둡게 하는 것을 보았다. 돈이 지역의 환경과 풍요로운 삶을 무시하고 가장 앞에 서서 활개 치는데, 주먹 쥐고 소리치는 것 외에는 달리 방법이 없는 무기력함은 어쩔 수 없었다. 그날 하루 양쪽의 팽팽한 기 싸움은 굵은 빗방울이 해결했지만 그 후의 일은 힘센 자들 편이었다. 그 산의 나무 한 그루 살리느라 애썼던 이들을 생각한 적 있는

41x61㎝, 실크 손바느질

가? 이런! 내 어린 시절의 공치사(?)를 하다 갑작스레 부끄러움이 확 올라왔다. 우리가 이렇게라도 평화를 누리며 살게 된 근현대사를 나의 기억 속에서만 소환해도, 제대로 공치사를 받아야 마땅한 분들이 셀 수 없이 많은데……

-일제로부터 조국을 되찾겠다는 일념으로 온갖 어려움을 참아내신 독립운동가들
-한 언덕이라도 더 확보하려고 포탄을 두려워하지 않았던 6·25 참전 용사들
-유신, 군부 독재에 맞서 싸우던 민주화운동과 노동운동의 주역들
-그 외 역사속에 묻혀진 수많은 해외 파견 노동자와 군인, 사회활동가들

딱히 누구라 말하지 못해도, 앞서가신 어른들과 선후배들의 나라 사랑이, 푸른 산 봉우리마냥 청청한 기운으로 이 혼탁한 시기를 거둬가 주시기를 바라며 어느 한 분에게라도 소홀히 할 수 없는 정중한 인사를 올린다.

상의 무게

서울과 부산에서의 귀국초대전 이후로 과분하게 많은 격려와 관심 속에서 여러 곳의 인터뷰와 강의, 크고 작은 순회전시 등으로 바쁘게 지내는 동안에도 전시 요청은 들어오고 배우고 싶다는 여인들도 꽤 많은데 안정된 거처도 없이 장기간 머물 수도 없고 '돌아가야 하는데' 어쩌지? 3, 4년 정도 더 지내다 아주 귀국할 계획이었는데, 이참에 그냥 주저앉을까 등등 생각이 많아졌다. 딱 그즈음에 한 미술가 협회 주최의 부스전 제의가 들어 왔다. 예전이나 지금이나 무슨 협회 등 단체에 들어가는 것을 극히 싫어해서 무소속으로 있는 내게 자리를 주겠다는데, 장소도 서울 예술의전당 한가람미술관이라니 약간의 경비를 낼 가치가 충분히 있고 '귀가'하기 전의 마지막 행사로 생각하고 참여하기로 마음먹었다. 내노라하는 작가들과 함께하는 자리에 설레임과 두려움으로 나선 그 행사에서 생각지도 못한 큰(?) 상까지 받을 줄이야! 이 미술제에 작가상이? 정통 회화가 아닌 나의 부스에서 관람객들이 어떤 반응을 나타낼지가 최대 관심사였을 뿐. 출신학교, 활동 지역, 작품 장르 특히 전공자와 비전공자를 따지는 미술계에서 도통 아무런 배경도 연줄도 없이 나타난 내가 받은 우수작가상. 이런 상을 나에게? 정말 괜찮은 단체로군! 그 심사위원이신 분들의 열린 사고에 온 마음으로 감사를 드렸다.

 어떤 이가 어떻게 여기던 나에게는 더없이 큰 의미로 받아들여졌다. '나 그냥 여기 있을래. 있어도 되겠어.' 고민 끝. 후회하지 않을거야.

 이쪽저쪽 가족들에게 소식을 전했다. 이미 예정되어 있던 저쪽의 현지인 문화센터가 기획한 그룹작품전 초대에도 몇 작품과 함께 「귀향」이 나를 대신해 갔다. 그런데 고민 끝이라고 외친 뒤에 바로 어마어마

한 고민이 있는 것을 챙기지 않고 상장만 들여다보고 있었다. 딸이 오랜만에 엄마가 작품 들고 온다고, 천당 아래 동네라 놀리는 그곳에 숙소를 구해 두어서 몇 달간은 잘 지냈는데 이제는 달라진 상황에 대처해야지. 또다시 어쩌지? 간단한 문제가 아니다. 이런저런 생각하며 마지막일 것 같은 동네 산책로를 걷다가

20x25㎝. 모시, 실크, 손바느질

느릿느릿 가고 있는 달팽이를 보았다. 아 부럽다. 너는 집이 있잖아. 걷기를 그만두고 빌딩 꼭대기에 올라가 바라본 도시 풍경은 아름다웠고 그 사이사이의 수많은 붉은 십자가는 어떤 이의 이정표가 되어 주는지 궁금했다. 저 멀리 보이는 아파트 숲속에는 나를 위한 조그만 등불이라도 있을까 봐 오늘은 여기 내일은 저기 찾아 헤매는 동안, 작품은 전시장으로도 가고 시집도 보냈는데, 나는 이 고약한 시절이 끝나기만을 기다리며 여태 이러고 있다.

보일 때와 보이지 않을 때

61x73㎝. 면, 명주, 손바느질, 혼합재료

한 계절이 지나니 벌써 변덕이 생겨 두꺼운 커튼의 칙칙함이 싫어졌다. 칙칙함은 걷어냈는데 산뜻함을 금방 해결하지 못해 하룻밤을 그냥 지내야 했다. 잠자리에 누우니 두꺼운 커튼을 들어낸 자리가 휑하고 어깨에 바람이 슬쩍 느껴져 괜한 부지런을 떨었나 후회하며 애꿎은 이불만 잡아 당겼다. 나이까지 운운하며 누워 썰렁한 유리창을 바라보니, 창틀 위쪽에 뿌연 불빛이 방안을 비추는 듯했다. 큰길에서 들어앉은 집이라 자동차 불빛이 보일 각도도 아닌데 이 깜깜한 밤에 뭐지? 처마 끝의 센서 작동 등도 제 기능을 잃은 지 오래인데. 낑낑대며 몸을 일으켜 창가로 가보니 오! 달빛이, 둥근 달이 내 방을 찾아왔네. 아니야, 가끔 먼지를 터느라 창문을 열 때 하늘을 올려다보며, 계절 따라 달의 진행 방향이나 별의 위치가 달라진다는 것을 알았는데도 그동안 두꺼운 천으로 가려 두고 관심 없었던 게지. 깜깜하던 작은 방안의 모든 것이 또 다른 모습과 색깔로 내 눈에 들어오고, 나는 평소 보았던 것과 보지 못했던 것을 다시 보려 침침한 눈을 부비며 쭈그려 앉았다.

　창 아래 놓인 작고 낡은 상 위에 올라앉은 조그만 항아리와 읽다 둔 몇 권의 책, 낡은 붓 한 자루와 금 간 문진과 연적, 필기구가 담긴 빈티지 컵 옆의 작은 동전 컵. 본래의 색이 바래고 한쪽이 깨져 원 용도대로 쓰이지 않아도 은은한 달빛을 받아들인 그들 하나하나의 모습은 얼마나 아름다운지! 궁금한 듯 방안을 빼꼼히 들여다보는 나뭇가지는 물기 오르고 잎이 돋아나기 아직 이른데, 달빛은 귀한 금가루를 그들 위에 얹었다. 한쪽 구석에 숨기듯 놓아둔 식전 약, 식후 약, 저녁 약, 불빛이 없어도 내 눈에 훤한 약통들은 달빛마저 지나친다. 내놓지 못한 아픔은 어찌해야 하나? 많은 생각이 스쳐 지나간 사이 내 발은 저리고 둥근 달은 나를 멀리했다.

시집가는 날 HoneyMoon

며칠 전 볕이 따뜻하던 날, 한 인연의 가족이 혼례를 치른다고 알려 왔다. 축하 인사를 건넨 뒤, 요즈음은 웨딩 홀이라 부르는 예식장에서 행사를 마치면 신랑 각시는 어떤 복장으로 나와 손님들께 인사를 하느냐고 물었다. 대부분 가벼운 정장을 하거나 개량된 한복을 입기도 한다 했다. 그 무엇보다 다홍치마 녹색 저고리가 참 이쁘다는 내 말에, 그건 저 먼 우리 시절의 이야기란다. 그런가?

바다 건너 동네에 살면서 귀국 작품전 준비한답시고 한참 조각천을 잇고 있을 때다. 한인타운에서 한복을 짓는 의상실 대표가 모아 놓은 천 조각이 있다고 가끔 연락을 주는데, 우리 천을 구하기 어려운 그곳에서 내게 큰 도움을 주는 고마운 인연들이다. 한번은 큰 봉투 하나를 받아 왔는데 열어보니 붉은색 계통의 천이 대부분이고 녹색이 조금 섞여 있었다. 그 속의 다른 작은 봉투 하나에는 정말 조그만 조각천들이 꾹꾹 눌러 담겨 있었는데, 가만히 들여다보니 끈끈이 테이프를 다 잘라 내서 깨끗해진 샘플 천이었다. 누군가 나를 위해 큰 수고를 한 것인데? 전화를 했다. 아니 그냥 주면 필요한 내가 잘라서 쓸 텐데 웬 수고를 그리했냐고 인사하자, 그냥 드리기 죄송해서 아들에게 용돈 조금 주는 걸로 협상이 되었단다. 고마운 소년. 이렇게 내 작업은 혼자만 하는게 아니라는 생각으로 힘을 얻는다.

단체복 주문이 있었나? 좁고 긴 삼각으로 마름질 된 이 붉은 계열 실크로 무엇을 해야 하나? 이틀 사흘을 들여다보다 문득 한 생각이 떠올랐다. 빨간 치마에 초록 저고리를 입었던 새댁 시절이 생각났다. 가능한 한 더 조각을 내지 않고 지금 모양 그대로를 살려서 해 보자. 마

232×267㎝, 실크, 손바느질 겹보

침 살고 있는 집 거실 바닥이 타일이고 넓어서 욕심을 내어보기로 했다. 타일이 모눈자 역할도 해 주리라 기대하며.

  시작에서부터 사방 1m 정도까지는 힘들어도 늘 하던 것이었는데 점점 커지니 감당이 안 되었다. 급기야 거실 바닥에 펼쳐 놓고 가장자리를 빙빙 돌며 작은 자로 다시 재어서 색깔 배치하고 인두질해서 곧은 선이 되게 고운 감침질로 면 분할까지를, 일어섰다 앉았다를 반복하며 쳐다본다. 한 조각이라도 위치를 바꾸려 들어 올렸다가는 다 흐트러져서 똑같은 과정을 반복해야만 했다. 잠자고 식사하는 시간 빼고 하루 열 시간 이상 꼬박 다섯 달을 거실 바닥을 기다시피 바느질해서 앞면을 완성하고, 다시 긴 세 폭을 이어 붙인 뒷면을 앞면과 마주잡고 감침질하기 두 달. 거실에 펼쳐진 천을 밟을까 침실에서 주방까지 까치발로 벽을 붙잡고 돌아와 앉은 식탁에서도 눈을 떼지 못했던 시간들이었다.

  매듭지어 실 자르고 마지막 다림질한 후, 부쩍 가벼워진 몸을 간신히 일으켜 내다본 하늘은 너무나 파랗고 살랑 바람 부는 마당엔 작은 꽃들이 무리무리 피어 있었다.

  '일찍 봐주지 못해 미안하구나. 나는 이제 고향 가야 해.'

엄마야, 나 이 바느질 끝냈네! 깜짝 놀라도 '엄마야' 넘어질 뻔해도 '엄마야.' 냄비 뚜껑을 떨어뜨려도 '엄마야.' 곁에 안 계신 엄마를 늘 찾는다. 오늘은 눈물까지 합해서.

전통, 그 너머 Tradition and Beyond

어린 시절 엄마의 바느질을 따라하며 우리 옛 여인들의 고달픈 삶을 어렴풋이나마 알게 되었고, 고통을 잊은 채 긴 시간의 몰입으로 손바느질한 결과물이 오늘날 우리가 전통 규방 예술이라 부르게 된 것의 시작임도 알았다. 그렇지만 나는 그 흔히 말하는 전통도 시대가 바뀌면 그때그때의 시대상을 담아야 한다고 생각한다. 오래전 왕조시대부터 생활용품으로서의 보자기(넓은 의미의 규방 예술)는 극도의 빠른 산업화로 이제 그 소용을 다 했고, 현재 나를 포함한 우리들의 보자기는 전통을 아우르는 새로운 영역으로 표현되어야 한다며 고민의 시간을 보낸다.

'전통 그리고 그 너머'를 향해 '바느질로 그리는 그림' 작업에 열중해 오다 2010년 가을 한 미술 잡지사의 주선으로, 고향에 돌아와서의 첫 바느질 작품 개인전이 열렸다.

「전통, 그 너머」를 전시 제목으로 '부산 비엔날레 갤러리 페스티벌'까지 초대받았다.

추석 연휴가 들어 있던 기간에, 내가 늘 그리워하던 고향 바다 풍경이 아름다운 태종대의 갤러리에서 원 없이 많은 관람객을 맞이했다. 많은 이들이 전통과 전통의 지평을 넘은 바느질 그림을 보면서 공감하고 격려해 주셨다. 여러 지역에서 일부러 찾아온 '복을 짓는 여인들'과의 만남도 큰 기쁨이었지만, 바느질 좋아한다며 나를 찾아와 인사하는 소녀들의 보드라운 손을 잡고 다녀온 짧은 시간여행은 달콤한 기억으로 남아있다. 어떤 바느질로 무얼 만들었는지, 앞으로도 바느질을 계속할 건지 등 궁금했지만 구체적인 대화를 나눌 시간이 모자라 아쉬웠다.

130x45㎝ 중 부분. 면, 손바느질

남의 나라에 살 때는 좋은 우리 것을 알려야 한다는 사명감에 마음 편히 쉴 사이도 없이 손놀림이 바빴었다. 내 목표를 이루기 위해, 갤러리는 물론 현지인들이 모이는 문화강좌에도 초대받으면 대학 강의실이든 박물관이나 문화원 세미나실이든 도서관 회의실까지 어디든 한 보따리의 조각보와 다기茶器를 안고 그들을 만났다. 그때는 신나서 피곤한 줄도 몰랐었다.

이제 내 나라에 돌아오니 목표가 바뀌었다. 나의 후세대들이 어떻게 이 아름다운 전통을 이어가며 자기들의 이야기를 표현할지, 잘 전해주고 잘 가르쳐야 할 텐데…….

아무도 요구하지 않는 나 스스로의 책임감에 짓눌릴 때도 있다. 잠시라도 경쟁에서 벗어나, 각자 마음속의 색감으로 자연을 떠올리며 몇 조각의 천을 숭덩숭덩 꿰매기만 해도 아름답다. 우리는 예술적인 DNA를 타고났다. 시작이 좀 거칠고 엉성한들 어떤가! 침선針線과 침선針禪은 시간이 해결할 것을.

성별 상관없이 젊은이들을 만나고 싶다. 내 강좌를 거쳐 간 몇몇 남성들의 바느질 추상화는 믿기 어려울 정도로 훌륭했다. Slow stitching부터 Traditional sewing까지 다 할 수 있다. 마주앉아 바느질도 하고 우리 전통의 미래를 의논하고 싶다.

베끼다, 따라하다, 응용 재해석하다

몸에 탈이 나서 금방 회복되기 쉽지 않다는 걸 알아차렸을 때에 맨 먼저 드는 생각이, 편의상 내 것(?)이라고 하는 것들을 어떻게 정리해야 하는가였다. 작업실에 앉아 가까이 있는 내 애기들을 하나씩 들여다보는데, 순식간에 여러 생각이 앞다투며 튀어나와 그 생각을 정리하는 것이 최우선이 된 상황이었다. 무얼 어찌해야 하나? 멍하니 쳐다본 눈앞에 색 고운 모시로 부지런히 바느질한 세 종류 연이 있었다. 내 꿈을 함께 실어가 주길 바랐던 이쁜 애기들인데 어디로 날려 보내 줄까! 귀국 전후 몇 번의 작품전에 설치해서 많은 인사를 받았던 전통 모양을 흉내 낸 '연'. 어느 날 한 지인의 전화를 받았다. 누군가가 거의 똑같은 연 작품을 해서 어느 행사장에 걸었다는 소식이었다. 어쩌겠는가! 갤러리에 걸려 있는 작품을 사진 찍어 원작자의 동의 없이 고스란히 베껴 따라 하고 자기 실력인 양하는 것은, '복을 짓는 여인'으로서 해서는 안 될 일이라 생각한다. 어떤 순간에 작품의 영감을 받고 많은 시간을 고민하며 조각조각을 모았다 헤쳤다 하며 이루어낸 것을, 아무런 생각 없이 바느질만 꾹꾹 한다고 자기 것이 될 것인가! 전통의 계승과 전승 그리고 창작과 모방이란 무엇인가를 더 깊이 고민해야 하지 않을까 싶다.

60.5x60.5㎝. 실크, 손바느질

미국에서 갤러리 초대전을 할 때 일이다. 한 남성이 내 조각보 앞에 서서 안경을 꺼내 쓰고 열심히 들여다보다 두어 걸음 물러

30x45㎝, 면, 손바느질

나더니 두리번거리는 게 나를 찾는 듯했다.

"무슨 질문이라도 있나요?" 나는 내 바느질 땀을 칭찬하려니 했었는데(현지인들로부터 손이 기계 같다는 칭찬을 많이 받은 터라) 의외의 질문을 했다.

"당신 작품의 이런 구성composition은 누구의 영향을 받았는가, 혹시 칸딘스키, 클레, 몬드리언, 프랭크 스텔라 등인가?"

"아니, 나는 내 어머니, 할머니. 그 위의 그 위의 또 더 위의 할머니로부터 물려받은 것이다. 수 백 년도 더 되었어요."

"그러면 너의 조상 여인들이 모두 예술가였나?"

나는 그때부터 우리 보자기의 역사와 조각보의 구성을 이루게 된 바느질을 설명했다.

"오히려 우리 옛 여인들의 이 조각보 구성이, 당신이 아는 그 추상화가들의 작품 구상plan에 영향을 주지 않았을까 생각한다."

"어떻게?"

"우리나라에서 근무했던 외교관이나 군인, 선교사들이 우리 전통 예술품을 많이 수집해 간 것으로 안다."

한참 눈을 깜빡이며 이어지는 질문이 없는 것을 보니 내 말에 설득된 것일까? 내 작업실을 방문하고 싶다며 인사하고 다시 전시장을 천천히 둘러보다 돌아갔다. 이후 작품전에 두어 번 더 왔었는데 깐깐했던 처음과는 달리 엄청 친절해졌고, 한번은 친구 몇과 함께 와서 나를 대신해 설명하느라 분주한 모습이었다.

60.5x72.5㎝, 실크, 손바느질

내 꿈을 실어

설날이 가까웠던 어느 날, 한 행사에 참석하러 큰 공원에 갔었다. 먼바다까지 내려다보이는 그 지역의 작은 언덕 위에는 '우정의 종각'이 자리잡고 있다. (1980년대 중반에 한미 우호를 기념하여 우리 정부가 에밀레종의 모양을 본떠 만든 종과 전통 양식의 종각을 기증했다 한다.) 오래전의 일이라 무슨 행사였는지 기억조차 없지만, 사방이 막힘이 없어 바람이 세기로 유명한 그곳에서 연(鳶, kite)을 날리고 있는 많은 이들을 보았던 그때 그 순간의 반가움이 오랫동안 내 기억에 남아 있다. 아무 거리낌 없이 하늘로 솟구치는 아름다운 모양과 색깔의 연과, 가느다란 한 가닥의 실로 그 연을 조종하며 미소 짓는 땅 위의 사람들.

 내 어린 시절의 동네 아이들은 종횡으로 지나가는 전깃줄에 걸려 날아오르지 못하고 버둥거리다 뜯겨버린 연을 안타깝게 바라보기만 하고, 몸체와 꼬리의 균형 탓인지 아무리 열심히 내달려도 솟아오르지 않고 뱅글뱅글 돌기만 하다 떨어진 연을 찾으러 뛰어다니던 모습들이 엊그제 일처럼 눈에 선했다. 아주 가끔 하늘 위로 솟아오르는 연을 볼 때면 창공을 향해 내 꿈을 함께 실어 가 주기를 소망하기도 했었다. 이곳 바닷가 언덕 위의 연들은 하나같이 유유히 푸른 하늘을 날고 있는데 내 어린 시절의 꿈들은 이미 다 사라져 이제는 실어 보낼 꿈조차 없

---

*지금 연 세 작품은 춘천의 한 어린이 도서관이 소장하고 있다.

어진 지 오래. 나이 들어 한동안 밖으로 내뱉지 못하고 입속에만 차 있던 때 늦은 꿈들은 여기에 서서 혼자 중얼거리다 꿀꺽 침 따라 넘어가 버렸다. 곧장 작업실에 돌아와서 밑그림을 그리고 조각 모시들을 모아 바느질을 시작했다.

방패연과 가오리연. 대나무 가지로 중심 살을 만들고 색색의 한지를 오려 붙여 모양을 내는 연을, 날리진 못하지만 모양이라도 기억하고 싶은 마음에 모시 바느질로 시작한 작업이었다. 완성해 놓고 보니 좋았다. 전시장 천장에 설치해 둔 연은 어떤 문화권에 속해 있든 나이에도 상관없이 모두 입을 벌리거나 입꼬리가 올라간 채 올려다 보았다. 칭찬과 질문이 이어졌었다.

좌측부터 63x92㎝. 모시 손바느질
30.5x30.5㎝. 꼬리 210㎝. 모시 손바느질
40.5x60.5㎝. 모시 손바느질

스승의 날

내가 가르치고 있는 대안학교의 한 소녀가 동생과 함께 내 오두막 앞에 찾아왔다.

"선생님, 오늘 '스승의 날'입니다."

꾸벅 인사에 연필로 꾹꾹 눌러 쓴 편지와 편지 뒷장에 연필로 그린 「바느질하는 손」까지 받았다. 언니 뒤에 서있다 수줍은 듯 내미는 작은 소녀의 꽃다발에는 온 마당의 꽃밭이 들어 있었다. 스승과 제자라는 고유한 명사의 의미마저 사라져가고 있는 지금에 두 자매가 내민 감사 편지와 꽃묶음을 받는 내 손이 부끄러웠다. 나는 이 아이들에게 스승인가. 가는 바늘의 실낱같은 인연으로 만난 늙은이가 뭔 가르침을 주기나 했을까. 엄마와 셋이서 함께 캔 것이라며 내민 야생 달래 한 움큼이 든 신문지가 비에 젖어 축축하다. 내 눈가도 축축해졌다.

'스승의 은혜는 하늘 같아서, 우러러볼수록 높아만 지네. 참 되거라 바르거라 가르쳐 주신 스승은 마음의 어버이시다. 아~'

여학교 시절, 출근하시는 선생님 한 분 한 분 가슴에 꽃을 달아 드리고, 운동장 조회에서 목청 높게 부르던 '스승의 날' 노래를 기억해내느라 잠시 애썼다. 지금은 그 풍경이 많이 달라진 것으로 들었다. 무엇인들 달라지지 않았을까!

바느질을 인연으로 만난 여인들이 보내준 안부에는 그들의 사랑이 가득하다. 자주 연락도 못 드리고 찾아뵙지 못해 죄송하다며 인사 대부분의 끝맺음은 "스승님 사랑합니다."이다. 고맙고 부끄럽다. 평소에 다른 작가들과의 대화 중에 "제자가 많으시지요?" 질문을 받으면 "내가 아직 스승이 아니라서 제자가 없습니다." 답한다. 무언가 조금 먼저 알아 가르친다고 선생이라 불러 주는 것으로 충분하다고 여긴다. 스승과 제자, 선생과 학생. 가르치고 배우는 사이를 칭하는 것인데 무얼 그리 따지냐는 뒷말을 가끔 듣는다. 어린 시절 부모님께서 들려주신 옛 어른들의 가르침 때문인지 '스승'과 '선비'의 의미는 가볍지 않은 무게로 내 마음에 남아있어 함부로 쓰지 않으려 한다. 그래서 몇십 년 동안 침선針線과

침선針禪을 가르친 어느 여인도 '내 제자'라 소개하지 않는다. 나와 함께 가는 이들. 그녀들에게서 받은 안부 속에 그녀들의 침선이 사진으로 보일 때면 더할 나위 없이 기쁘다. 올해 가을에는 조용하던 몇 여인이 자기들끼리 하는 그룹전에 나를 초대작가 Guest Arist로 '모시겠다'고 알려 왔다. 얼마나 고마운지 나도 부지런히 바늘땀을 세고 있다. 이렇게 앞서거니 뒤서거니 서로의 보폭을 맞춰가며 계속 같은 길을 걸어가다 보면 Walking on the Same path, 조금 앞서 걷던 내가 슬며시 사라진다 해도 각자의 길을 그대로 가게 될 것이다. 그러기를 바란다. 한동안 바느질 못 하다가 반짇고리 꺼내 보니 새삼스럽다는 소식에도 큰 격려의 말을 해 준다. 바느질보다 더 중한 일이 있으면 당연히 그 일을 먼저 해야지. 이후 다시 그 길에 합류하면 된다. 지금 중도中道에 있는 이들에게도 옆 자리를 내어 주기를 부탁한다.

  자주 만나지 못해도, 언제든 자기 자리에서 초심初心으로 '전통, 그 너머'의 세계를 향해 침선을 이어 가고 있는 '내 여인'들에게 늙은 선생의 사랑과 당부를 보낸다.

그 열정의 끝, 청자 항아리

무심한 듯 자리를 지키고 있는 항아리는 눈으로만 봐서는 아무것도 담지 않고 텅 비어 있다. 가까이 앉아 표면을 가만히 쓸어주다 보니 무수히 많은 금crack들이 눈에 들어왔다. 어쩜 그렇게도 뜨거운 불과 바람 속에서 자기 살을 태우며 도공의 의도를 지켜줄 수 있었는지! 간신히 밖으로 나와서 그 뜨거웠던 순간은 잊은 듯한데, 갈래갈래 터진 자국이 당시의 고통이 어떠했는지를 말해 주는 게 아닐까. 흙이 공기와 불을 만나고 극한의 고통을 참아 낸 흔적을 살피다가 내 마음이 급해졌다. 달덩이 같은 항아리. 부지런히 작업한다 해도 두어 달 안에 끝내기 어렵겠지만 시작이 반이다. 청자색 유약 찾아내느라 두 손 불어 터졌을 도공의 노고에 비할까마는, 내 딴에는 적당하다 싶은 녹색 실크 조각들을 골라내고는 한참 동안 기침을 멈출 수 없었다. 아무리 해도 도공과 자연이 빚어낸 상처(?)의 아름다움은 따라 할 수 없고, 잔잔한 감침질로 흉내 내어 본 것을 끝으로 그 열정에 끼어들며 실매듭을 지었다. 침침한 눈 비비며 아쉬움 들어내려 내다본 창밖에는 내 청자 항아리의 녹색 천 조각들이 앞산과 들판에 가득 내려앉아 있었다.

완벽하지 않지만 나의 마음을 꾹꾹 눌러 담은 바느질로 꽉 채워진 항아리. 텅 빈 듯 보이지만 온 우주를 담은 항아리로 탄생한 모습을 전시장에서 마주한 이들은 오래 그 자리를 떠나지 않았다.

- 텅 빈 듯 꽉 찬 Empty Fullness -

61x73㎝. 실크, 손바느질

봄날 유감

봄, 얼마나 아름다웠던 계절인가! 아 름 다 웠 던 계절이라, 자연에게 이루 말할 수 없는 부끄러움이 앞선다. 변함없고 아름다운 자연을 되돌릴 수 없는 상태로 만들어 놓은 것은 누구인가. 큰 죄를 짓고 있다. 그래도 봄의 기운을 받을 수밖에 없어 며칠 전 나무 시장에 가서 무화과 묘목을 사다 심었다. 성장이 빨라 올해 8월이면 과일을 먹을 수 있다니 신기해하며 기다린다. 내 손바닥 모양의 푸른 잎도 가까이서 보고 싶다. 이 모두 자연의 힘을 받지 못한다면 가당키나 한 일인가. 감나무 묘목도 몇 그루 선물 받아 심었는데 오 년을 기다려야 한단다. 계절마다 감격하며 바라보던 집 앞 큰 감 농장이 양파밭 된 것을 아쉬워한 푸념이, 손가락 굵기의 묘목으로 내 오두막 앞에 자리 잡았다. 자주 인사 나누며 이뻐해 주어야지.

청명 한식도 다가온다. 땅에 뿌리 내린 모든 것이 생기 가득한(?) 4월, 옛날부터 청명 한식은 조상님의 산소를 돌아보고 주변을 정리 단장하는 시기였다. 며칠 전에 차를 타고 가다 관리가 좀 덜 되어 보이는 묘소를 둘러보고 있는 사람들을 보았다. 옛날에는 이때쯤이면 집안의 어른이 나서서 조상님의 묘소를 돌아보고 겨우내 봉분 무너진 곳은 없는지, 들뜬 흙 탓에 비석과 떳장(잔디) 상태는 어떤지 등을 살펴본 후 청명 한식에 맞춰, 온 일가친척이 함께 만나 인사하고 음식을 나누는 봄 소풍 같은 풍습이 있었다. 지금은 많이 달라진 장묘문화에서 아직도 이런 일이 연중행사로 치러지는 집안이 남아있는 듯해서 흐뭇했다.

그러다 청명 한식과 맞물려 있는 식목일은 어찌 지내는지 궁금해졌다. 자연환경에 대한 관심이 커져서 이런저런 목소리들이 들리기는 하

한변이 30㎝/3, 20㎝/2, 15㎝/3. 실크, 손바느질

나, 실제로는 그만큼 나아지지 않는 듯하다. 한 민족끼리 총부리를 들이대며 싸우던 6·25 전쟁에 주변 국가들이 도와준다고 개입하면서 우리 산야는 불타고 황폐해져 벌거숭이였던 시절이 오래전 일이 아니다. 내 어린 시절의 어느 가을날, 우리 학교 모두는 선생님 따라 줄을 지어 민둥산을 올랐다. 집에서 가져온 보자기로 만든 앞치마를 두른 채. 지금 생각하면 화가 밀레의「이삭 줍는 여인」그림에서 보이는 그 앞치마 모양이다. 너른 산등성이에 막아줄 나무 한 그루 없는 바람 속의 풀밭에서 풀씨를 훑어 앞치마에 넣는 일이 얼마나 힘든지 울고 싶었다. 그나마 어렵게 움켜잡은 풀씨를 바람이 날려 버려 내 앞치마는 산에 오를 때와 별반 다르지 않았다. 선생님의 호루라기 소리에 모여든 아이들은 선생님이 들고 계신 자루 속에 앞치마를 뒤집어 풀씨를 쏟았다. 깨알 같은 풀씨도 한 자루에 담으니 제법 볼록해졌고 그 풀씨는 이듬해 봄에 풀마저 없는 산에 뿌려준다 했다. 그 풀이라도 산에 푸른색이 보여지길 바라며. 좀 더 큰 학생이 되었을 때는 그동안 심어 돌보던 나무의 송충이 잡는다고 빈 병에 나무젓가락 들고 체육복으로 무장(?)해 산에 올랐었다. 온 지역마다 그리 그리해서 푸른 산 만들겠다고 애썼던 시절이 있었다. 우리 몸의 허파 같은 산을 보살피고 살려야 한다. 대부분이 부주의로 일어난 산불은 엄청나게 큰 나무를 순식간에 잃게 하고 그 푸르름이 돌아오려면 또 얼마나 많은 관심에 시간을 들여야 하는지 우리 모두 알고 있다. 그런데도 사회적 필요를 인정하기 어려운 유흥 시설 만들고 길 더 넓힌다고, 그것이 자기 것인 양 함부로 산을 무너뜨리고 나무를 베는 송충이들은 어찌해야 할지.

"한 권의 책이 나오는 동안 그 뒤안길에서 나무값에 밀지지 않는 책을 만들어야 한다." 는 한 출판사 대표의 말을 그들에게 꼭 들려주고 싶다.

이 행운 나 혼자 차지하려

내가 초등학생이던 시절의 단골 소풍지에는 텅 빈 이층 건물과 토끼풀이 가득한 넓은 마당이 있었다. 호기심 많은 한 아이가 이곳이 무엇하던 곳이었냐고 선생님께 질문했고, 선생님께서는 '큰 오빠들이 공부하고 훈련하던 곳이었는데 다른 곳으로 옮겨 갔지. 나중에 자유시간 되거든 토끼풀 네 잎짜리 있나 찾아봐라. 그 잎은 행운이란다.' 하셨다. 행운이 무엇인지도 잘 알지 못했지만 뭔가 대단한 것 같아 틈나는 대로 풀밭을 헤치며 들여다보았지만 네 잎은 어디에도 없었다. 한 아이가 '여기!' 소리치다 금방 '아이다, 아이다.'하며 뒤돌아서는 모습을 보고 나는 웃었다. 나도 여러 번 그럴 뻔했으니까. 분명 네 잎이 눈에 띄어 따려고 가만히 줄기를 만지면 세 잎뿐이었다. 네 잎 찾느라 지친 우리 중의 누군가가 꽃으로 팔찌를 만들자는 제안에, 모두들 꽃을 따서 팔찌를 만드느라 법석을 떨고, 어디서 보았는지 화관도 만든다고 온 풀밭을 운동장으로 만들었었다. 그날 이후 나는 어디에서든 토끼풀 군락만 보이면 네 잎짜리 찾느라 이리저리 헤집었고 성공한 기억은 거의 없다. 네 잎 토끼풀이 그토록 귀해서 그것을 찾아낸 이에게 행운이 찾아온다는 믿음이 서양에서 전해졌다는데, 일종의 돌연변이 현상이라는 것을 안 후에는 시큰둥해졌다. 그런데 1950년대부터 네 잎 클로버 씨앗이 발견되어 인공적인 재배가 가능했다는 소문까지 듣고 나니 어린 시절의 추억마저 날려 버린 듯해 몹시 허전했다. 하지만 토끼풀 군락만 보면 그냥 지나치지 못하던 네 잎에 대한 나의 관심은, 산골 오두막에 들어앉은 늙은이가 되어 다시 불붙었다.

내 오두막에서 작업실로 가는 몇 발자국 안 되는 풀밭에서 내 눈앞에 나타난 네 잎 클로버! 가만히 잎 하나를 조심 들어내니 여기저기에서 '행운'이 넝쿨채 딸려 나오는 게 아닌가! 이걸 어쩌지? 이 많은 '네 잎 클로버의 행운'을 나 혼자 차지하려 아무에게도 말하지 않고, 아무도 모르게 달항아리 속에 넣어두고 경비병까지 세웠다. 시간이 꽤 흘렀는데 특별히 찾아온 '행운'이 있었나? 이 산골에서 속병을 앓고 팬데믹을 지나면서까지 매일 이렇게라도 살아가는 것이 '네 잎 클로버가 가져다준 행운'일지도 몰라. 머지않아 나의 인연들과 이 얘기 나누며, 고이 모셔둔 네 잎의 '행운'도 나눠야지.

73x61㎝, 면, 손바느질, 혼합재료

어느 여름날

38x45.5㎝. 모시 손바느질, 장지에 채색

여러 커뮤니티의 문화를 소개하는 비영리 단체의 회의가 있어 한 사무실을 찾아갔다. 몇 가지 음료수가 놓인 테이블을 쳐다보다가 차라리 뜨거운 커피가 낫겠다 싶어 잔을 들고 창가에서 밖을 내다보니 내 눈을 의심할만한 놀라운 풍경이 그곳에 있었다. 자주 갈 일은 없어도 가끔 지나간 적은 있는 길의 안쪽에 이리 넓은 연밭이 있을 줄이야! Lotus라는 단어를 쓰긴 해도 실제 도심 가까이에 이런 공원을 두고 즐기는 줄은 몰랐었다. 한여름날의 태양이 꽃대를 쭉쭉 끌어 올려서인지 유난히 목이 긴 줄기 끝의 연꽃과 부채처럼 펄럭이는 넓은 잎들의 향연은 장관이었다. 꽉 막혀 있는 창문 사이로 연꽃 향기가 스며들 리 없겠지만 혹시나 한 호흡의 향기라도 놓칠까 봐 들고 있던 커피잔을 슬며시 내려놓았고. 연꽃 차, 연잎 차 그리고 우리 녹차 향에서 그 미묘한 달콤함까지 기억해 내느라 그날의 회의는 뒷전이 되고 말았다. 흙탕물 가득한 뻘밭에서 저리도 고고한 꽃이 피다니 아름답다는 말만으로는 표현이 절대 부족하다. 지저분한 어떤 것도 허용하지 않는 꽃과 이슬방울마저 무거우면 쏟아내 버려 홀가분한 모습으로 바람을 맞이하는 넓은 잎. 예전부터 삶에서 청빈을 실천한 어른을 연꽃에 비유했다 하니 그 지혜로움을 칭송하지 않을 수 없다. 연꽃 정원이 가까운 창가에서 우리 분청 다기에 담긴 '차'를 두 손으로 받쳐 들고, 눈으로는 '차'의 색깔과 호흡으로 전해지는 은은한 향, 입안에서 목으로 흐르는 그 부드러움을 얼른 맛보고 싶어졌다. 작업실로 돌아와서 우선 가까이 있는 다기에 찻잎을 넣어둔 채 조금 전까지 눈에 담았던 그 풍경을 먼저 그리기 시작했다. 멈출 수 없는 그 감동을 그려내느라 찻잔 속의 열기는 식어 버렸고. 따라가지 못할 청빈정신을 조각 모시 찻사발로 덮어 두었다.

19 x 24㎝. 실크에 자수 손바느질, 마른 연밥
언제든 보고싶어서

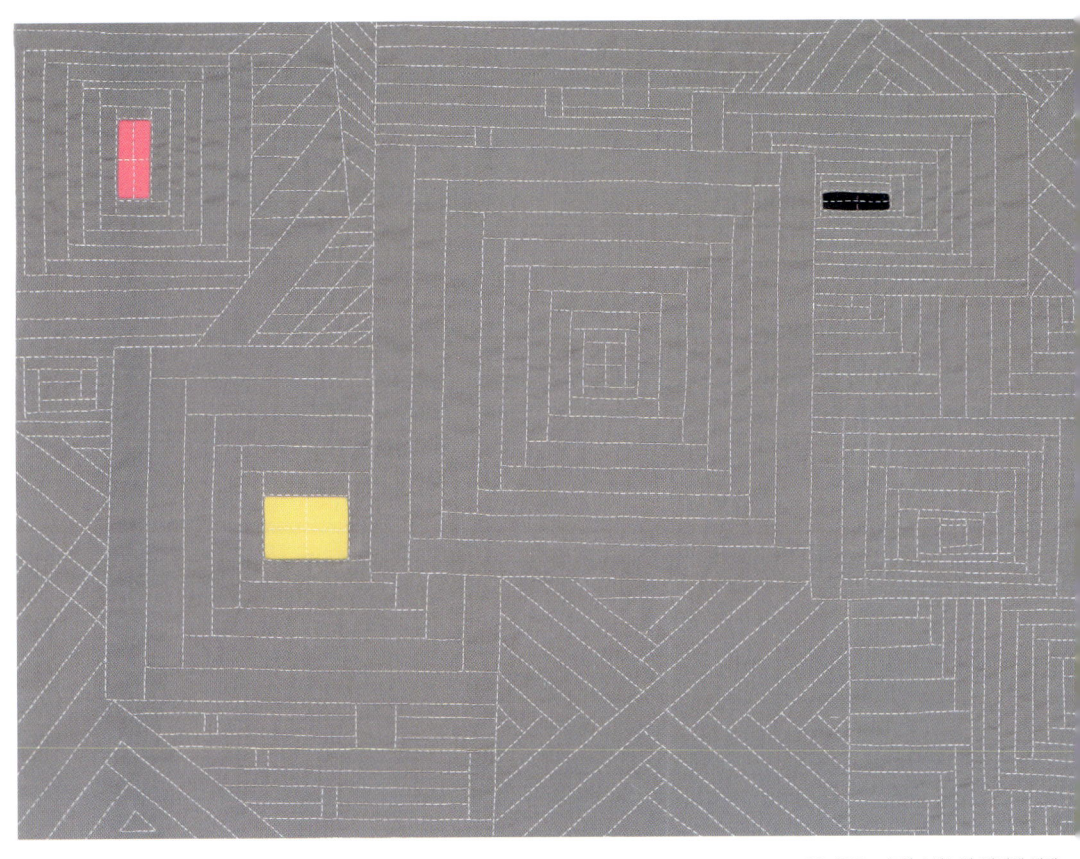

38x45.5㎝, 모시 손바느질, 장지에 채색
숲 속의 성